国家出版基金项目
NATIONAL PUBLICATION FOUNDATION

统一战线

百年奋斗的重要法宝

党的百年奋斗历史经验丛书

2022年主题出版重点出版物

总主编 辛向阳

李紫娟 著

山东城市出版传媒集团·济南出版社

图书在版编目(CIP)数据

统一战线:百年奋斗的重要法宝/李紫娟著. —
济南:济南出版社,2022.12
(党的百年奋斗历史经验丛书/辛向阳总主编)
ISBN 978 - 7 - 5488 - 5006 - 9

Ⅰ.①统… Ⅱ.①李… Ⅲ.①中国共产党—党的建设
—研究 Ⅳ.①D26

中国版本图书馆 CIP 数据核字(2022)第 228100 号

统一战线:百年奋斗的重要法宝
TONGYI ZHANXIAN:BAINIAN FENDOU DE ZHONGYAO FABAO

出 版 人	田俊林	
责任编辑	杨晓彤	
封面设计	胡大伟	
出版发行	济南出版社	
地　　址	山东省济南市二环南路 1 号(250002)	
印　　刷	山东省东营市新华印刷厂	
版　　次	2022 年 12 月第 1 版	
印　　次	2023 年 5 月第 1 次印刷	
成品尺寸	170 mm × 240 mm　16 开	
印　　张	10.75	
字　　数	124 千	
定　　价	59.00 元	

(济南版图书,如有印装错误,请与出版社联系调换。联系电话:0531 - 86131736)

总　序

辛向阳

从 1921 年成立到现在，中国共产党一路走来，筚路蓝缕，披荆斩棘，栉风沐雨，不断从胜利走向胜利，从一个辉煌走向另一个辉煌，已经走过了一百多年的历程。正如习近平总书记在庆祝中国共产党成立 100 周年大会上的讲话中所指出："一百年来，中国共产党团结带领中国人民，以'为有牺牲多壮志，敢教日月换新天'的大无畏气概，书写了中华民族几千年历史上最恢宏的史诗。"一百多年前，党成立时只有 50 多名党员。今天，党已经成为拥有近一亿名党员、领导着 14 亿多人口大国、具有重大全球影响力的世界第一大执政党。一百多年前，中华民族呈现在世界面前的是一派衰败凋零的景象。今天，中华民族向世界展现的是一派欣欣向荣、朝气蓬勃的气象，正以不可阻挡的步伐迈向伟大复兴。这一百多年，有英勇顽强的奋斗，有艰难曲折的探索，有波澜壮阔的历程，也有动人心魄的故事，党历经淬炼，成就斐然。党自成立以来，始终把"为中国人民谋幸福、为中华民族谋复兴"作为自己的初心使命，以"为人类谋进步、为世界谋大同"彰显自己的天下情怀，始终坚持共产主义理想和社会主义信念，团结带领全国各族人民为争取民族独立、人民解放和实现国家富强、人民幸福以及强国建设、民族复兴而不懈奋斗，领导党和国家事业取得了历史性成就、实现了历史性变革、积累了历史性经验。

总结党的奋斗历程中的历史经验，既是党的优良传统，也是党的独特优势。过去一百多年，中国共产党向人民、向历史交出了一份优异的答卷。现在，中国共产党团结带领中国人民又踏上了实现第二个百年奋斗目标新的赶考之路，这就更加需要我们深刻总结党长期奋斗的历史经验。我们党历来高度重视总结历史经验。早在延安时期，毛泽东同志强调："如果不把党的历史搞清楚，不把党在历史上所走的路搞清楚，便不能把事情办得更好。"进入改革开放和社会主义现代化建设新时期，邓小平同志指出："历史上成功的经验是宝贵财富，错误的经验、失败的经验也是宝贵财富。这样来制定方针政策，就能统一全党思想，达到新的团结。这样的基础是最可靠的。"中国特色社会主义进入新时代，习近平总书记强调指出："历史是最好的教科书"，"历史是一面镜子"，"对我们共产党人来说，中国革命历史是最好的营养剂。多重温我们党领导人民进行革命的伟大历史，心中就会增加很多正能量"。习近平总书记还强调："中国历史是中国人民、中华民族坚持不懈的创业史和发展史。其中既有升平之世社会发展进步的丰富经验，也有衰乱之世的深刻教训以及由乱到治的经验智慧；既有当事者对时势的分析陈述，也有后人对前人得失的评论总结。可以说，在中国的史籍书林之中，蕴涵着十分丰富的治国理政的历史经验"，"我们学习历史，要结合我们正在干的事业和正在做的事情，善于借鉴历史上治理国家和社会的各种有益经验"。

在党的一百多年历史上，1945 年 4 月党的六届七中全会通过《关于若干历史问题的决议》，1981 年 6 月党的十一届六中全会通过《关于建国以来党的若干历史问题的决议》,2021年11月党的十九届六中全会通过《中共中央关于党的百年奋斗重大成就和历史经验的决议》。这三个历史决议虽然诞生的历史背景、形成的现实条件和阐述的具体内容有所不同,但都以实事求是的原则总结了党的重大历史事件和重要经验教训,在重大历史关头统一了全党思想和行动,对推进党和人民事业发挥了重要引领作用。这三个历史决议贯通历史、现实和未来,深刻阐述了党团结带领人民争取民族独立、人民解放和实现国家富强、人民幸福以及开展强国建设、民族复兴的光辉历程,系统总结了党领导人民进行革命、建设、改革的历史经验,科学揭示了一百多年来中国共产党人对共产党执政规律、社会主义建设规律和人类社会发展规律的深刻认识。深入研究第三个历史决议,有助于我们牢牢掌握党和人民事业发展的历史主动,以党的重大成就和历史经验鼓舞斗志、凝聚力量、踔厉奋发、勇毅前行,以咬定青山不放松的执着、以一往无前的奋斗姿态接续夺取全面建设社会主义现代化强国的新胜利。

在党领导中国人民胜利实现第一个百年奋斗目标全面建成小康社会,踏上实现第二个百年奋斗目标新征程的重大历史关头,全面总结党的百年奋斗重大成就和历史经验,对推动全党进一步统一思想、统一意志、统一行动,团结带领全国各族人民夺取新时代中国特色社会主义新的伟大胜利,具有重大现实意义和深远历史意义。党的十九届六中全会通过的《中共中央关于党的百年奋斗重大成就和历史经验的决议》,是在建党百年历史条件下开启全面建设社会主义现代化国家新征程、在新时代坚持和发展中国特色社会主义的现实需要;是增强政治意识、大局意识、核心意识、看齐意识,坚定道路自信、理论自信、制度自信、文化自信,做到坚决维护习近平同志党中央的核心、全党的核心地位,坚决维护党中央权威和集中统一领导,确保全党步调一致向前进的政治需要;是推进党的自我革命、提高全党斗争本领和应对风险挑战能力、永葆党的生机活力、团结带领全国各族人民以中国式现代化全面推进中华民族伟大复兴而奋斗的时代需要。

回首党的一百多年的历程,正是在党的坚强领导下,中华民族才迎来了从站起来、富起来到强起来的伟大历史飞跃。党的十九届六中全会通过的《中共中央关于党的百年奋斗重大成就和历史经验的决议》,概括出来的具有根本性和长远性意义的十大历史经验,即坚持党的领导、坚持人民至上、坚持理论创新、坚持独立自主、坚持中国道路、坚持胸怀天下、坚持开拓创新、坚持敢于斗争、坚持统一战线、坚持自我革命,则充分反映了习近平总书记在党的二十大报告中所指出的:"实践告诉我们,中国共产党为什么能,中国特色社会主义为什么好,归根到底是马克思主义行,是中国化时代化的马克思主义行。"中国共产党历经一百多年,恰似风华正茂,仍然具有旺盛的生命力。世界充满好奇,时代充满追问。答案只有一个——坚定不移地坚持中国共产党的坚强领导。"党的百年奋斗历史经验丛书"正是立足于此,从基本史实、基本事实出发,全面阐释党的百年奋斗的十大历史经验,从政治、理论和思想等方面全面做出了回答。

加强对党的百年历史经验的研究,就是要深入研究党领导人民进行革命、建设、改革的一百多年的历史进程,全面总结党从胜利走向胜利的光辉历程,为国家、民族和人民建立的不朽功勋;深入研究党坚持把马克思主义基本原理同中国具体实际相结合、同中华优秀传统文化相结合,不断推进马克思主义中国化的一百多年的历史进程,全面深化对新时代党的创新理论的理解和运用;深入研究党不断增强党的团结、维护党中央权威和集中统一领导的一百多年的历史进程,深刻领悟加强党的政治建设这个马克思主义政党的鲜明特征和政治优势;深入研究党为"中国人民谋幸福、为中华民族谋复兴、为人类谋进步、为世界谋大同"的一百多年的历史进程,深刻认识党同人民生死相依、休戚与共的血肉联系,依靠人民创造历史伟业、创造历史伟业为了人民的阶级立场和推动世界社会主义运动发展、胸怀天下造福全人类的世界情怀;深入研究党加强自身建设、推进自我革命的一百多年历程,增强全面从严治党永远在路上的坚定和执着,确保党在新时代坚持和发展中国特色社会主义的历史进程中始终成为坚强领导核心;深入研究历史发展规律和大势,始终掌握新时代新征程党和国家事业发展的历史主动,增强锚定既定奋斗目标、意气风发走向未来的勇气和力量。

深入研究党的百年奋斗历程中形成的十大历史经验,要坚持科学的研究方法和原则要求。我们要坚持辩证唯物主义和历史唯物主义的方法论,用具体历史的、客观全面的、联系发展的观点来看待党的历史。要坚持正确党史观、树立大历史观,准确把握党的历史发展的主题主线、主流本质,正确对待党在前进道路上经历的失误和曲折,从成功中吸取经验,从失误中吸取教训,不断开辟走向胜利的新道路。要旗帜鲜明反对历史虚无主义,加强思想引导和理论辨析,澄清对党史上一些重大历史问题的模糊认识和片面理解,更好正本清源。尤其是,要坚持正确党史观和大历史观,立足于中华民族一百万年的人类史、一万年的文化史、五千多年的文明史,立足于五百余年的社会主义发展史、一百多年的中国共产党史、七十余年的中华人民共和国史、四十多年的改革开放史,从中华民族伟大复兴战略全局和世界百年未有之大变局出发,全面而准确地认清和把握新时代中国特色社会主义取得的历史性成就、发生的历史性变革。通过生动、深入、具体的纵横比较，把事实讲清楚，把道理讲明白，把理论讲透彻。

党的十九届六中全会通过的《中共中央关于党的百年奋斗重大成就和历史经验的决议》所总结的十条历史经验，是我们党百年奋斗中用鲜血和汗水凝练出来的理论结晶，既不是从哪本经典教科书上抄来的，也不是从哪个国家照搬来的，更不是在头脑中主观臆想出来的，而是系统完整、相互贯通的有机整体，揭示了党和人民事业不断成功的根本保证，揭示了党始终立于不败之地的力量源泉，揭示了党始终掌握历史主动的根本原因，揭示了党永葆先进性和纯洁性、始终走在时代前列的根本途径。这一历史决议深刻揭示了过去我们为什么能够成功、未来我们怎样才能继续成功，深刻阐述了中国共产党为什么能、中国特色社会主义为什么好、马克思主义以及中国化时代化的马克思主义为什么行，并进一步深刻回答了新时代坚持和发展什么样的中国特色社会主义、怎样坚持和发展中国特色社会主义，建设什么样的社会主义现代化强国、怎样建设社会主义现代化强国，建设什么样的长期执政的马克思主义政党、怎样建设长期执政的马克思主义政党等重大时代课题，是一篇闪耀着马克思主义真理光辉的纲领性文献，是新时代中国共产党人牢记初心使命、坚持和发展中国特色社会主义的政治宣言，是党领导广大人民以史为鉴、开创未来，全面建设社会主义现代化国家、全面推进中华民族伟大复兴的行动指南。

通过该丛书，我们可以清晰地看清楚过去我们党为什么能够成功、今天我们党如何成功，同时弄明白未来我们党怎样才能够继续成功，从而更加坚定、更加自觉地牢记初心、不忘使命，以更加宏大的气魄诠释胸怀天下。同时，在新时代更好坚持和发展中国特色社会主义，要不断坚持唯物史观和大历史观，以更加昂扬的姿态奋进新时代，逐梦新征程，踔厉奋发、勇毅前行、团结奋斗，全面建设社会主义现代化强国、全面推进中华民族伟大复兴。

全面建设社会主义现代化强国、全面推进中华民族伟大复兴，已进入了不可逆转的历史进程，我们比历史上任何时期都更接近、更有信心和能力实现这个目标。作为哲学社会科学工作者，我们要按照立足中国、借鉴国外，挖掘历史、把握当代，关怀人类、面向未来的思路，强化基础研究前瞻性、战略性、系统性布局，不断推进知识创新、理论创新、方法创新，以原创性、标识性的概念、话语、范畴、范式等深刻阐述党的百年奋斗历史经验生成的内在逻辑、内在机理。加快构建中国特色哲学社会科学学科体系、学术体系、话语体系，坚持用马克思主义及其中国化时代化的最新成果——习近平新时代中国特色社会主义思想观察时代、解读时代、引领时代，用鲜活丰富的当代中国实践来推动马克思主义发展，用宽广视野吸收人类创造的一切优秀文明成果，坚持在改革中守正出新、不断完善自己，在开放中博采众长、不断超越自己，不断深化对共产党执政规律、社会主义建设规律、人类社会发展规律的新认识，不断开辟马克思主义中国化时代化新境界！

目　录

第一章

统一战线发挥的重要法宝作用

统一战线是党的政治优势和重要法宝。中国共产党自成立之日起，就高度重视统一战线工作并始终将其作为重要战略手段与指导思想。党在不同历史时期，根据总任务的变化，分别建立了不同的统一战线，形成了最广泛的统一战线，在党的百年奋斗的历史进程中发挥了巨大的作用。

回顾党的百年奋斗历程，"党始终坚持大团结大联合，团结一切可以团结的力量，调动一切可以调动的积极因素"，为此，"共产党人到处都努力争取全世界的民主政党之间的团结和协议"，"促进政党关系、民族关系、宗教关系、阶层关系、海内外同胞关系和谐，最大限度凝聚起共同奋斗的力量"，带领中国人民在百年征程中奋斗，创造了伟大成就，书写了恢宏史诗。回溯和总结党的百年历史，统一战线工作在党的百年征程中始终发挥着"重要法宝"作用。

　　党百年的光辉历史充分证明，统一战线不仅是中国特色社会主义事业不断从胜利走向胜利的重要法宝，而且是增强党的阶级基础、扩大党的群众基础、巩固党的执政地位的重要法宝，更是中国共产党团结海内外全体中华儿女实现中华民族伟大复兴的重要法宝。统一战线的法宝地位是我们党在领导中国革命的历史实践中形成的。1921 年，中国共产党一经成立，就把马克思主义关于统一战线的基本原理同中华优秀统战文化、中国具休实践相结合，创造性地提出了一系列具有中国特色的统一战线理论、方针和政策，最大限度凝聚起无坚不摧的力量。所以，从党百年历史奋斗的实践中可以看到，统一战线是马克思主义中国化过程中探索取得的成果，是党凝心聚力的重要优势，不仅是实现人民民主的制度安排，而且是党治国理政的基本方法。党只有牢牢掌握统一战线这一重要法宝，才能团结各党派、各民族、各宗派、各阶层和海内外华人等力量，从而凝聚起为全面建设社会主义现代化强国努力奋斗的磅礴力量。

第一节　统一战线是马克思主义中国化探索取得的成果

　　"在马克思主义理论体系中，统一战线特指无产阶级及其政党为推翻资产阶级统治、获得自身彻底解放而同一切可能联合的阶级和政党结成的联盟。"[①] 而在中国，由于特殊的国情和社会历史条件，统一

---

　　① 路璐：《马克思主义统一战线概念的内涵及其演进》，《当代世界社会主义问题》2018 年第 2 期，第 63 页。

战线是在马克思主义中国化的过程中得到充分运用和发展的，即马克思主义关于统一战线的基本原理与中华优秀传统文化、中国具体实践相结合，逐步形成了一整套具有中国特色的统一战线理论、政策、组织形式和运行机制。中国共产党统战工作以马克思主义统战理论为指导思想。中国共产党中国特色社会主义伟大实践中，把马克思主义统一战线的基本理论运用于中国实际，对我国不同时代统战根本问题都做出了科学回答，实现了马克思主义统战理论的中国化飞跃，推进了党的统战事业的不断发展。

一、 马克思主义统战理论中国化的第一次飞跃

1840 年鸦片战争以后，由于西方列强的入侵和封建统治的腐败，中国逐步成为半殖民地半封建社会，国家蒙辱，人民蒙难，文明蒙尘，中华民族遭受了前所未有劫难。中国社会向何处去？各种思潮竞相发声，但都没能解决中国实际问题，也未能改变中国的社会性质。中国迫切需要新的思想引领运动，需要新的组织凝聚革命力量。十月革命一声炮响，给中国送来了马克思主义，也给中国人民指明了前进方向。在马克思列宁主义同中国工人运动的紧密结合中，中国共产党在 1921 年应运而生。但近代中国遭受帝国主义列强、封建主义和官僚资本主义三重压迫，革命的敌人异常强大，革命力量相对薄弱。由于资本主义经济发展不充分，无产阶级发育不成熟，资产阶级软弱无力、左右摇摆，社会整体上呈现出"两头小、中间大"的状态。在这样一个特殊的社会结构中，还交织着复杂的民族矛盾和阶级矛盾。如何正确认识、估量和处理与不同阶级的关系，是中国共产党领导中国

革命必须解决的重大问题。

在半殖民地半封建社会，面对特殊的社会性质、社会结构，复杂的社会矛盾和阶级关系，无产阶级要实现民族救亡，需要发起统一战线，凝聚力量。对此，毛泽东在领导中国革命和建设取得胜利的过程中，把马克思主义统战理论与中国具体国情相结合，不仅提出了一系列独创性的理论，而且将统战理论运用到革命实践中，逐渐形成了广泛的统一战线。毛泽东的统战理论是马克思主义统战理论中国化第一次飞跃的理论成果。1939 年 10 月，毛泽东在《〈共产党人〉发刊词》中指出："统一战线，武装斗争，党的建设，是中国共产党在中国革命中战胜敌人的三大法宝。"① 这段论述明确了统一战线在中国革命中的重要性。抗战时期，针对国内外复杂局势，中国共产党坚持抗战、团结、进步方针，提出了发展进步势力、争取中间势力、孤立顽固势力的策略，确立有理、有利、有节和独立自主原则，将马克思主义统战理论充分运用在抗日战争中。"法宝论"的提出既标志着中国共产党对统一战线地位和作用认识的深化和升华，又是马克思主义统战理论中国化的高度浓缩和生动写照。

团结一切可以团结的力量，争取中国革命的胜利，是马克思主义统战理论中国化第一次历史飞跃的出发点。但党在成立初期由于处在幼年时期，对于统一战线没有足够的认识，在历经多重困难和挫折之后才认识到建立统一战线的必要性。大革命失败后，在总结大革命失败经验教训的基础上，毛泽东认为在寻找同盟军的问题上应该以农民阶级为主，强调农民阶级是无产阶级天然的同盟军。与农民阶级结成

---

① 《毛泽东选集》第 2 卷，人民出版社 1991 年版，第 606 页。

联盟，建立工农联盟统一战线，增加了革命力量。为了调动农民阶级参加革命的积极性和主动性，党制定了打土豪、分田地，团结农民阶级的土地革命统一战线主要方针，壮大无产阶级革命力量。但想要取得中国革命的胜利，除了与农民阶级结成统一战线之外，还要尽可能地团结其他阶级和阶层，尤其是抗日战争爆发以后，与社会各阶层结成联盟，组成抗日民族统一战线是对工农民主统一战线的创新和发展。毛泽东指出，"必须在各种不同的情形下团结一切可能的革命的阶级和阶层，组织革命的统一战线"①，并要建立革命同盟军。在中国社会各阶级中，无产阶级是最有觉悟性和最有组织性的阶级，农民阶级是工人阶级坚固的同盟军，城市小资产阶级也是可靠的同盟军，民族资产阶级则是在一定时期和一定程度上的同盟军。另外，毛泽东还对中间阶层在统一战线中的重要作用进行了肯定。他从中国当时的国情出发，对资产阶级进行重新划分，指出中国资产阶级应分为大资产阶级和民族资产阶级。在民族危机严重的关头，大资产阶级可以成为革命力量，一旦民族危机解除，大资产阶级就会调转矛头成为反动阶级和革命对象。但民族资产阶级则不同，针对民族资产阶级的两面性则可以采取既斗争又联合的方式，充分发挥其革命性，从而发展壮大统一战线。根据革命形势的变化，团结可以团结的阶层，组成相应的统一战线，是毛泽东新民主主义革命统一战线的实践宗旨，同时也是马克思主义统一战线中国化的理论精髓。

　　在革命中建立以工农联盟为基础的最广泛的统一战线，但在统一战线中必须坚持中国共产党对统一战线的领导权，这是党在革命实践

━━━━━━━━━━

① 《毛泽东选集》第 2 卷，人民出版社 1991 年版，第 645 页。

中总结的历史经验教训。领导权问题是统一战线中最根本的问题。1937 年，毛泽东在向全党说明党在抗日战争时期的任务时就明确提出："离开了无产阶级及其政党的政治领导，抗日民族统一战线就不能建立。"① 1947 年，毛泽东在总结中国革命、中国统一战线和党的领导这三者之间的关系时也指出："中国新民主主义的革命要胜利，没有一个包括全民族绝大多数人口的最广泛的统一战线，是不可能的。不但如此，这个统·战线还必须是在中国共产党的坚强的领导之下，没有中国共产党的坚强的领导，任何革命统一战线也是不能胜利的。"② 而要在统一战线中，"领导的阶级和政党，要实现自己对于被领导的阶级、阶层、政党和人民团体的领导，必须具备两个条件：（甲）率领被领导者（同盟者）向着共同的敌人作坚决的斗争，并取得胜利；（乙）对被领导者给以物质福利，至少不损害其利益，同时对被领导者给以政治教育。没有这两个条件或两个条件缺一，就不能实现领导"③。因此，要实现党对统一战线的领导权，就必须遵循以下四个基本原则：第一，根据革命发展进程，党在各个时期都要有正确的路线、纲领和方针政策，并提出行动的具体目标；第二，党的组织和党员要发挥先锋和模范作用，团结同盟者为共同的目标而奋斗并取得胜利；第三，对同盟者要有正确的政策，照顾同盟者的利益，至少不损害其利益；第四，不是牺牲原则去迁就同盟者，而是要经过思想政治教育，把同盟者的思想水平提高到党的当前纲领的水平上来。

---

①《毛泽东选集》第 1 卷，人民出版社 1991 年版，第 262 页。
②《毛泽东选集》第 4 卷，人民出版社 1991 年版，第 1257 页。
③《毛泽东选集》第 4 卷，人民出版社 1991 年版，第 1273 页。

二、 马克思主义统战理论中国化新的飞跃

改革开放以来，以邓小平同志为代表的中国共产党人将党和国家的工作重心转移到经济建设上来，提出了爱国统一战线理论，形成了中国特色社会主义统一战线理论，为新时期统一战线理论注入了新内容，体现出更加鲜明的时代特色和中国特点，进一步继承和发展了马克思主义统战理论，成为马克思主义统战理论中国化新的飞跃。而以江泽民同志、胡锦涛同志为主要代表的中国共产党人在社会主义建设和改革的实践中深化了对具有中国特色的统一战线发展规律的认识，进一步阐明了统一战线为中国特色社会主义现代化建设服务的理论观点，逐渐丰富和发展了爱国统一战线，在实践中为马克思主义统一战线理论的中国化注入了新内容。

改革开放新时期，围绕中国特色社会主义命题，党和国家的主要任务是建设社会主义现代化强国、实现祖国统一。对此，在马克思主义统战理论中国化的过程中，党首先对要不要建立统一战线的问题进行了科学回答，对统一战线的地位和作用进行了确认和深化。对此，邓小平指出："统一战线仍然是一个重要法宝，不是可以削弱，而是应该加强，不是可以缩小，而是应该扩大。"① 而在党的十三届四中全会之后，江泽民也强调，"统一战线作为党的一个重要法宝，绝不能丢掉"②；党的十六大之后，胡锦涛也进一步指出，"统一战线是中国共产党团结一切可以团结的力量，夺取革命、建设和改革事业胜利的

---

① 《邓小平文选》第 2 卷，人民出版社 1994 年版，第 203 页。
② 《江泽民文选》第 3 卷，人民出版社 2006 年版，第 143 页。

重要法宝，也是中国共产党执政兴国的重要法宝"①。在明确要建立统一战线认识的基础上，党进一步丰富和发展了统一战线理论，逐步形成了新时期爱国统一战线。邓小平指出："我国的统一战线已经成为工人阶级领导的、工农联盟为基础的社会主义劳动者和拥护社会主义的爱国者的广泛联盟。"② 改革开放新时期，以经济建设为中心的主要任务决定了统一战线的联合阶层。新时期工人阶级队伍的地位提高了，力量更加壮大，知识分子阶层已经成为工人阶级中的一部分；少数民族地区在经过社会主义改造后，陆续走上社会主义道路；随着社会主义市场经济的发展，民族资产阶级已经逐步变为社会主义建设者；港澳台同胞和海外侨胞也更加心向祖国，在支援国家现代化建设、实现祖国统一大业上发挥着自身重要作用。因此，统一战线发展成为全体社会主义劳动者、社会主义事业建设者、拥护社会主义的爱国者和拥护祖国统一的爱国者的政治联盟，这既是中国发展的需求，也是时代和历史发展的需要。

因此，这一时期形成的爱国统一战线不仅在团结阶层上更加具有广泛性和包容性，而且在解决问题的实践上更加具有创新性。在祖国统一问题上，以邓小平同志为核心的党中央提出了"一国两制"的伟大构想，坚持一个中国原则，以和平友好的方式实现统一，并在两种制度长期并存的情况下共同发展。这种伟大构想在港澳回归实践中获得了重大成功，充分彰显了爱国主义同社会主义的高度统一。"一国两制"在促进祖国统一、推进两岸关系上，已然成为成功之典范。在民族问题上，自中华人民共和国成立以来，党中央一直重视并采取民

---

① 《胡锦涛走访各民主党派中央和全国工商联》，《中国统一战线》2003 年第 2 期，第 5 页。

② 《邓小平文选》第 2 卷，人民出版社 1994 年版，第 187 页。

族区域自治制度，改革开放后更是如此，邓小平提出了要通过制度和法律来保障少数民族的自治权利。1984 年通过的《中华人民共和国民族区域自治法》进一步强化了民族区域自治的法律保障。因此，新时期统一战线各领域的关系概括为政党关系、民族关系、宗教关系、阶层关系、海内外同胞关系，只有处理好这五大关系，才能调动一切积极因素，努力转化消极因素为积极因素，团结一切可以团结的力量，为把我国建设成为现代化的社会主义强国而奋斗。

三、 新时代马克思主义统战理论中国化新的飞跃

进入新时代，我们正处于中华民族伟大复兴的战略全局和世界百年未有之大变局的历史交汇期。面临百年未有之大变局和最终实现中华民族伟大复兴的繁重任务，为了更好地团结最广泛的力量完成这一任务，以习近平同志为代表的中国共产党人着眼于推进社会主义现代化建设伟大实践和实现民族复兴的伟大梦想，结合新的时代条件和要求，科学回答了统一战线的一系列重大理论和实践问题，进一步肯定和丰富了统一战线的工作内容和任务，形成了习近平总书记关于加强和改进统一战线工作的重要思想，这是马克思主义统战理论中国化的新飞跃。

新时代党领导的统一战线的中心任务就是实现中华民族伟大复兴的中国梦和建设社会主义现代化强国。然而，在新的历史时期，"所有制形式更加多样，社会阶层更加多样，社会思想观念更加多样"①。

————————

① 中共中央文献研究室：《习近平关于社会主义政治建设论述摘编》，中央文献出版社 2017 年版，第 128 页。

在党所处的历史方位、所面临的内外形势、所肩负的使命任务都发生了重大变化的形势下，习近平总书记将统一战线的本质要求提高到"人心向背、力量对比"的战略高度，指出"越是变化大，越是要把统一战线发展好、把统一战线工作开展好"①。对此，中国共产党尽可能地发起、组织和团结所有对实现中华民族伟大复兴和建设社会主义现代化强国有帮助的人员和力量，求同存异，实现大团结大联合，争取人心，坚持广交、深交党外朋友，壮大自身力量，争取中间力量，孤立敌对力量，巩固和发展了最广泛的爱国统一战线。基于此，2020年修订了《中国共产党统一战线工作条例》（以下简称为《条例》），这不仅彰显了党在新形势下对统战工作极端重要性的深刻认识和战略安排，而且最大限度拓展了新时代爱国统一战线的广度和深度，体现了习近平总书记提出的统一战线"是我们党治国理政必须花大心思、下大气力解决好的重大战略问题"② 的重要思想。

新时代爱国统一战线"包括全体社会主义劳动者、社会主义事业建设者、拥护社会主义爱国者、拥护祖国统一和致力于中华民族伟大复兴爱国者的同盟"五个联盟，他们"高举爱国主义、社会主义旗帜，坚持大团结大联合的主题，坚持正确处理一致性和多样性关系的方针，积极促进政党关系、民族关系、宗教关系、阶层关系、海内外同胞关系和谐，巩固和发展最广泛的爱国统一战线，为实现'两个一百年'奋斗目标、实现中华民族伟大复兴的中国梦服务，为维护社会和谐稳定、维护国家主权安全发展利益服务，为保持香港澳门长期繁

---

① 中共中央文献研究室：《十八大以来重要文献选编》（中），中央文献出版社 2016 年版，第 557 页。
② 中共中央文献研究室：《十八大以来重要文献选编》（中），中央文献出版社 2016 年版，第 556 页。

荣稳定、实现祖国完全统一服务"①，这体现了党为调动一切积极因素完成新时代总任务和目标而凝心聚力。但统一战线不管如何壮大和发展，都必须要加强党对统一战线工作的领导。中国共产党是广大人民群众和先进生产力生产方向的代表，是正确方针、路线的制定者。实践证明，只有加强党对统一战线的领导才能取得事业的成功和统一战线自身的完善发展，才能发挥统一战线的实际功能。

同时，为了团结一切可以团结的力量，党还扩大了统一战线的价值视域。习近平总书记提出"中华民族命运共同体""人类命运共同体"理念，以及新时代统一战线国内联盟和国际合作的系统构建。统战领域的扩大不仅是在政治领域的扩大，同样也可以是在经济、文化、社会等各个领域的扩大。与此同时，统战领域的扩大也不仅仅是团结国内各族人民共同建设美好家园，也可以是团结世界人民创造和平发展的国际环境，例如"一带一路"、金砖国家峰会等就是用统战的方式来处理国际问题，从一定程度上来讲，我国的国际合作也充分运用了统战的方法，也可以被认为是统战领域的扩大。

第二节　统一战线是党凝心聚力的重要优势

2021年7月1日，在庆祝中国共产党成立100周年大会上，习近平总书记鲜明地指出："中国共产党一经诞生，就把为中国人民谋幸

---

① 中共中央文献研究室：《十八大以来重要文献选编》（中），中央文献出版社2016年版，第539页。

福、为中华民族谋复兴确立为自己的初心使命。一百年来，中国共产党团结带领中国人民进行的一切奋斗、一切牺牲、一切创造，归结起来就是一个主题：实现中华民族伟大复兴。"[①] 实现中华民族伟大复兴的中国梦是近代以来每个中国人的期盼。而中国梦的实现，需要团结一切可以团结的力量，这就需要全国各族人民统一思想、万众一心、共同努力。百年来，在实现中华民族伟大复兴的征程上，"统一战线始终是中国共产党凝聚人心、汇聚力量的重要法宝"[②]。党坚持统一战线工作的核心任务和使命就是团结、凝聚、带领中国人民为实现中华民族的伟大复兴而不懈奋斗。可以说，党要领导中国人民实现中华民族伟大复兴的中国梦，就要发挥统一战线凝心聚力的重要优势，只有这样，才能团结一切为实现中国梦而奋进的力量。

一、统一战线是实现中国梦的历史选择

翻开历史，中华民族有五千年灿烂辉煌的文明，但自 1840 年鸦片战争后，中华民族饱受外国列强的欺凌。为此，无数爱国的仁人志士开始探索救国的道路，但都以失败而告终。回顾近代中国救亡图存的爱国运动可以发现，这些救亡图存运动之所以未能成功，一个很重要的原因就是民众的民族意识不强，从而致使人心涣散、凝聚力薄弱。孙中山在《国家建设·民族主义》一文中曾尖锐地指出："中国人只有家族和宗族的团体，没有民族的精神，所以虽有四万万人结合

---

① 习近平：《在庆祝中国共产党成立 100 周年大会上的讲话》，《人民日报》2021 年 7 月 2 日。

② 习近平：《在纪念辛亥革命 110 周年大会上的讲话（2021 年 10 月 9 日）》，《人民日报》2021 年 10 月 10 日。

成一个中国，实在是一片散沙，弄到今日，是世界上最贫弱的国家，处国际中最低下的地位。"① 也就是说，当时中国没有形成由一个坚强政党领导的广泛而牢固的统一战线，共同抵抗帝国主义的侵略和本国的封建专制统治。历史一再告诉我们，各族人民的大团结，是克服各种困难、战胜各种风险挑战的决定性因素。正如邓小平所指出："过去帝国主义欺侮我们，还不是因为我们是一盘散沙？"② 所以中华民族要摆脱帝国列强的欺凌，获得民族的独立和人民的解放，就必须凝聚成一体，组成最广泛的党的统一战线。中国共产党自成立后，就成为团结全国人民的核心力量，领导和建立统一战线，让中国人民看到了希望。

回顾历史，百年来，中华民族实现伟大复兴贯穿的历史主线就是在找寻国家富强、民族复兴、人民幸福的现代化道路。中国共产党成立后，带领中国人民，团结一切可以团结的力量，结成最广泛的党的统一战线，为建设国家、振兴中华民族、实现人民幸福而奋斗。在不同的历史阶段，党的统一战线为凝聚人心、实现不同阶段的梦想做出过巨大的贡献。在革命年代，中国共产党带领中国人民完成了反帝反封建的任务，取得了新民主主义革命的胜利，就是因为有统一战线这个克敌制胜的法宝。正如毛泽东所指出："中国新民主主义的革命要胜利，没有一个包括全民族绝大多数人口的最广泛的统一战线，是不可能的。不但如此，这个统一战线还必须是在中国共产党的坚强的领导之下。没有中国共产党的坚强的领导，任何革命统一战线也是不能

---

① 《孙中山选集》，人民出版社 2011 年版，第 621 页。
② 《邓小平文选》第 3 卷，人民出版社 1993 年版，第 197 页。

胜利的。"① 在革命时期，中国共产党高举反帝反封建的统一战线的伟大旗帜，建立国共联合的统一战线、工农民主统一战线、抗日民族统一战线、人民民主统一战线，建立了新中国，实现了国家独立、人民解放，让中国人民从此站起来了。在社会主义建设和改革开放新时期，中国共产党坚持与贯彻党的社会主义最广泛的爱国统一战线，取得了社会主义建设和改革开放的巨大成就，为实现中华民族伟大复兴的中国梦打下了坚实的经济基础。进入新时代，党继续坚持巩固和发展爱国统一战线，为实现中华民族伟大复兴的中国梦凝聚最广泛的力量，从此迈向让中国人民强起来的征程。

事实证明，一个民族复兴的伟大梦想的实现，需要汇聚无数同向的努力，而串起这股向心力的只能是每个人心底的希望，这就需要全国各族人民心往一处想、劲往一处使，汇集起强大的精神力量。实现中华民族伟大复兴的中国梦是近代以来每个中华儿女的梦想。党的百年历史告诉我们，在圆梦的道路上，需要以中华民族的民族精神来凝聚共识，而党的统一战线的使命就是团结和凝聚全体人民为实现中华民族伟大复兴而奋斗。历史已经再次证明，只要在中国共产党的领导下，结成最广泛的党的统一战线，发挥其凝心聚力的作用，我们就能战胜一切困难，取得革命的胜利、建设的成果和改革的胜利，这是历史的选择。

二、 统一战线是实现中国梦的现实选择

审视现实，进入新时代，在新的历史条件下，实现中华民族伟大

---

① 《毛泽东选集》第 4 卷，人民出版社 1991 年版，第 1257 页。

复兴的中国梦面临着更加严峻的现实挑战。从国内来看，当前，我国的爱国统一战线由多党派、多阶层、多民族、多宗教、多人民团体及港澳台同胞以及海外侨胞等共同组成。团结各阶级、阶层、民族、党派、团体，使之形成强大的建设大军，推动中国特色社会主义事业健康发展，是我们实现民族复兴的基本战略。当前我国市场经济转型带来了利益格局的深刻调整，利益分化日趋明显，也使得人们的思想呈现出多元、多样和多变的特点。在这种现实条件下，实现中国梦就必须要坚持与贯彻党的统一战线，这是客观现实的必然选择。正如习近平总书记所指出的："我们要巩固和发展最广泛的爱国统一战线，加强中国共产党同民主党派和无党派人士团结合作，巩固和发展平等团结互助和谐的社会主义民族关系，发挥宗教界人士和信教群众在促进经济社会发展中的积极作用，最大限度团结一切可以团结的力量。"①

从国际来看，当前党的统一战线也面临着许多新问题新情况。虽然和平与发展仍然是世界的主题，但影响和平与发展的不稳定性因素、不确定性因素在增多，国际竞争日趋激烈，地区冲突和摩擦此起彼伏，南北差距拉大，传统安全和非传统安全威胁均有所增加。面对这种国际环境，我们必须充分发挥党的统一战线的特点和优势，为建设持久和平、共同繁荣的和谐世界做出应有的贡献。全党必须高度重视党的统一战线工作，充分发挥党的统一战线不可替代的作用，为全面建设社会主义现代化强国、实现中华民族伟大复兴的中国梦提供最广泛的力量支持。

进入新时代，巩固和扩大党的统一战线，关系党执政能力的提

---

① 习近平：《在第十二届全国人民代表大会第一次会议上的讲话》，《人民日报》2013 年 3 月 18 日。

高，关系中国特色社会主义的五大事业，关系中华民族凝聚力的增强，也关系祖国完全统一的实现。正如习近平总书记所指出，中国梦虽然表现为国家梦、民族梦，但是归根到底要落脚到人民群众的现实期盼上。实践也充分证明，我们党的事业越发展，就越要坚持和贯彻党的统一战线。党的统一战线的优势越得到发挥，团结的人越多，我们的力量就越强大，就越要在思想上同心同德，目标上同心同向，行动上同心同行；就越要在社会发展重大现实问题和涉及群众根本利益的实际问题上坚持广纳群言、广集民智、广泛协商，以增进共识、增强合力，这样中华民族伟大复兴的中国梦就越能更好地得到实现。当前我们比历史上任何时期都更接近中华民族伟大复兴的目标，比历史上任何时期都更有信心实现这一目标。但是要实现中国梦，需要巩固和发展统一战线，凝聚起海内外爱国力量，让全国各族人民牢记使命，心往一处想，劲往一处使，充分调动起全国人民的聪明才智和辛勤劳动，汇集起不可战胜的磅礴力量。

三、 统一战线是实现中国梦的内在选择

2020 年，中共中央颁布了《中国共产党统一战线工作条例》，文件指出："统一战线是中国共产党凝聚人心、汇聚力量的政治优势和战略方针。"[①] 从政治优势来看，党的统一战线，就是有效地组织各种政治力量，集中社会各方面的政治要求和政治要素，实行政治资源的优化配置，把人民的意志和智慧都凝聚到完成党的总目标和总任务上

———————

①《中国共产党统一战线工作条例》，人民出版社 2021 年版，第 4 页。

来。党的统一战线把社会的各个阶级阶层凝聚为坚强的整体，构筑了现代国家的立体的场面，这也更加形象地说明了党的统一战线是党建设国家的内在的基本要素，是内生于国家机体的不可或缺的组成部分。所以从这个意义上说，党的统一战线是中国共产党的社会建构机制，是中国政治机制不可或缺的重要组成部分，抽掉这个政治机制，就不能维系中国的政治秩序。相反，拥有这个政治机制之后，就可以通过党的统一战线的横向整合功能，实现领导、合作与协商。

中国共产党成立后，党的统一战线根植于国家政治生活，成为党凝心聚力的政治优势。新中国成立后，党的统一战线协商建国，建立了人民民主专政的国家政权。如果没有统一战线，即使有庞大的政党组织网络，也不能把整个社会横向统合起来。党的统一战线能够保障国家的有机统一，能够实现国家内在结构协调和各种力量平衡。所以，巩固和壮大统一战线，不仅是提高党的执政能力的一项重要任务，而且是发展中国特色社会主义事业的一项重要任务。而不同阶层、团体、岗位、身份的人们是实现中国梦的共同力量源泉。通过不断扩大党的统一战线，可以把全国人民的智慧和力量凝聚到中国梦的宏伟目标和各项任务上来，从而实现中华民族伟大复兴的中国梦。例如，2020 年，一场突如其来的疫情暴发，对人们的身体健康和生命安全造成威胁。我党为了打赢疫情阻击战，坚持统一战线，迅速凝聚各党派、各民族、各宗派、各阶层和海内外华人等各方力量，为打赢疫情阻击战建言献策。以四川省为例，在疫情暴发以后的 3 个月时间里，省委统战部组织党外人士建言献策多达数百条，为省政府的决策提供了积极有效的参考。统一战线在四川省委、省政府抗击疫情过程中发挥了不可忽视的作用。

人民幸福是中国梦的基本内容之一。中国梦归根到底是人民的梦，中国梦不仅要体现在经济方面让人民解决温饱乃至奔向小康，还要保证人民群众过上更加幸福的生活，即要让人民群众生活得更加有尊严，有更多出彩的机会，更加有梦想成真的机会。而要实现人民幸福，必须依靠人民。中国梦实现的深厚源泉在于人民群众，根本归宿在于人民群众，所以只有每一个人都把人生理想融入国家和民族的伟大梦想之中，敢于有梦、勇于追梦、勤于圆梦，才能汇聚成实现中国梦的强大力量。正如习近平总书记所指出："只要我们紧密团结，万众一心，为实现共同梦想而奋斗，实现梦想的力量就无比强大，我们每个人为实现自己梦想的努力就拥有广阔的空间。"① 可见，我们的中国梦之所以是人民的梦，就是因为它最终的着眼点与落脚点都是为了人民群众的幸福，中国梦就是要让人民群众从实现经济民生梦到实现社会和谐、环境优美、政治清明的民生梦，最终实现人民群众活得更有质量、更有自信、更有尊严的民生梦，这也是党的统一战线的内在要求，是党的统一战线的内在价值取向，也说明党的统一战线是实现中国梦的内在选择。

第三节 统一战线是实现人民民主政治的保障

人民民主是社会主义的生命。新中国成立以来特别是改革开放以

---

① 中共中央宣传部：《习近平总书记系列重要讲话读本》，学习出版社、人民出版社 2016 年版，第 12 页。

来，中国共产党团结带领人民在发展社会主义民主政治方面取得了重大进展，成功开辟和坚持了中国特色社会主义政治发展道路，为实现最广泛的人民民主确立了正确方向。而统一战线是中国共产党领导的最广泛的政治联盟。历史与实践也证明，把绝大多数人团结起来，结成最广泛的统一战线，不仅是党领导人民战胜一切困难、夺取革命和建设事业胜利的强大力量源泉，也是我们党在政治上的一个巨大优势。所以，统一战线的建立、巩固和发展，始终与社会主义民主政治建设的探索和发展紧密联系在一起。在中国特色的社会主义民主政治发展过程中，统一战线工作扮演着越来越重要的角色，在促进社会主义民主政治建设中发挥着独特的优势和重要作用。

一、 统一战线是人民民主政治的重要内容

列宁指出："民主是国家形式，是国家形态的一种。因此，它同任何国家一样，也是有组织有系统地对人们使用暴力，这是一方面。但另一方面，民主意味着在形式上承认公民一律平等，承认大家都有决定国家制度和管理国家的平等权利。"[①] 而判断一个国家的民主性质，关键是看在这个国家中，什么阶级处于统治地位，什么阶级处于被统治地位。列宁提出："工人革命的第一步是使无产阶级变为统治阶级，争得民主。"[②] 毛泽东继承了马克思主义的民主理论，从中国革命的具体实际出发，提出了人民民主专政的理论，形成了中国特色的人民民主理论。毛泽东在《论人民民主专政》一文中指出，我国的国

①《列宁选集》第3卷，人民出版社2012年版，第201页。
②《列宁选集》第3卷，人民出版社，1972年版，第189页。

体是工人阶级领导的、以工农联盟为基础的人民民主专政的社会主义国家，而"人民民主专政的基础是工人阶级、农民阶级和城市小资产阶级的联盟，而主要是工人和农民的联盟，因为这两个阶级占了中国人口的百分之八十到九十"①。从这个意义上来看，社会主义民主政治就是工人阶级领导的、以工农联盟为基础的人民民主专政的国体以及人民代表大会制度的政体。

基于上述，从阶级、阶层结构来看，统一战线内含于人民民主政治中，本质上与社会主义民主一致。社会主义民主政治的本质就是人民民主专政的国体，是由人民掌管国家政权，对占人口绝大多数的人实行民主，对极少数人实行专政。它体现了民主主体的广泛性和人民当家作主的权利。这一民主政治本质在政权组成的阶级结构上不仅包括以工农联盟为主体的工人阶级和其他社会主义劳动者之间的联盟，还包括在工农联盟基础上的社会主义劳动者同社会主义事业的建设者、拥护社会主义的爱国者和拥护祖国统一的爱国者的联盟等。而统一战线是我们党为了实现自己的历史使命，根据不同时期的战略目标和任务，团结本阶级、各个阶层和政治派别，并同其他阶级、阶层、政党、集团以及一切可以团结的力量，在一定的共同目标下结成的政治联盟。它的本质在于团结大多数，最广泛最充分地调动一切积极因素，结成最广泛的社会主义民主政治联盟。这种政治联盟是我国民主政治的阶级和社会基础。可见，统一战线的特定性质、本质属性、根本任务、历史使命、永恒主题、主要任务、自身优势等同发展社会主义民主政治在本质上、方向上是完全一致的。统一战线对于组织、调

①《毛泽东选集》第4卷，人民出版社1991年版，第1478页。

动和凝聚一切积极因素，把"人民当家作主"落到实处，不断发展社会主义民主政治，推进中国特色社会主义事业，实现中华民族的伟大复兴，具有不可替代的作用。

从党的发展历史来看，社会主义民主政治的发展与统一战线的发展是同步的。1922年在党的二大上，我们党就注意把民主与统一战线互相结合起来，还通过了《关于"民主的联合战线"的议决案》，公开提出以"建设真正民主政治的独立国家为职志"。抗日战争期间，建立了广泛的抗日民族统一战线，建立了统一战线性质的"三三制"民主政权。1945年，毛泽东同志在党的七大上作《论联合政府》的报告，提出："在彻底地打败日本侵略者之后，建立一个以全国绝大多数人民为基础而在工人阶级领导之下的统一战线的民主联盟的国家制度。"① 新中国成立后，我们党不仅将人民民主专政作为国家制度正式写进具有临时宪法性质的《中国人民政治协商会议共同纲领》，而且建立、发展和不断完善中国共产党领导的多党合作和政治协商制度、民族区域自治制度，并在党的十九届四中全会上把"巩固和发展最广泛的爱国统一战线"纳入坚持和完善人民当家作主制度体系。我们党正是通过统一战线，畅通各方面有序政治参与，把各党派团体、各族各界的智慧和意愿凝聚起来，保证了人民民主和国家意志相统一，真正体现了"有事好商量，众人的事情由众人商量"的民主真谛。由此可见，统一战线与民主的有机结合，调动了各阶级、各阶层、各党派的积极性，使我们党领导广大人民群众取得了中国特色社会主义伟大事业的胜利。

---

① 《毛泽东选集》第3卷，人民出版社1991年版，第1056页。

二、 统一战线是人民民主政治的重要力量

社会主义民主政治建设是建立在全体人民政治共识基础上的，只有广大人民群众在根本利益问题上形成共识，才能转化为强大的力量，才能把党的正确主张变成全体人民的愿望和自觉行为，才能把各方面的力量汇聚到一起，共同推进社会主义民主政治建设的发展。而统一战线通过多形式、多渠道、多领域地开展工作，能够最大限度地团结人、引导人、激励人，为社会主义民主政治建设奠定坚实的思想政治基础，提供广泛的力量支持。统一战线政治联盟的性质和特有的优势，决定了它在加强社会主义民主政治建设中是一支重要的力量。改革开放以来的实践充分证明，中国特色社会主义事业之所以取得如此巨大的成就，人民生活之所以实现了从温饱到小康的历史性跨越，我们的国家、民族、社会的面貌之所以发生如此巨大的变化，一个重要原因就在于我们党始终高度重视发挥统一战线的重要作用，从而广泛汇聚了力量、凝聚了人心，形成了浩浩荡荡、无坚不摧的建设大军。统一战线就是团结一切可以团结的力量，调动一切可以调动的积极因素，把不同政党、不同民族、不同信仰、不同阶层和生活在不同社会制度下的各方面人士团结起来、凝聚起来，为开创中国特色社会主义事业新局面提供强大的政治保证和力量支持。

社会主义民主政治建设的关键在于加强社会主义政治制度建设。社会主义政治制度主要是保障人民群众当家作主的各种规范体系，包括人民代表大会制度、中国共产党领导的多党合作和政治协商制度、

民族区域自治制度、基层群众自治制度等，人民通过这些制度来行使人民当家作主的权利。而要做到这一点，一个很重要的途径就是坚持统一战线。统一战线可以利用这一优势，发挥自己独特的作用。例如，作为统一战线重要内容的中国共产党领导的多党合作和政治协商制度，在政治制度上体现了社会主义民主：它是在中国共产党执政的前提下，各民主党派通过参加国家政权和参与国家事务管理等途径，与共产党实行政治合作、民主协商、互相监督的政党制度，也是对统一战线范围内共产党与各民主党派之间关系规范的一项基本制度。而且，通过它的自身发展，又能推进社会主义民主建设的进程：既保证了各民主党派、人民团体、无党派爱国人士和社会各界人士的参政议政和民主监督的权利，又能使党听到上述各界人士意见、要求、批评和建议，有利于决策的民主化、科学化。

民族区域自治制度是在国家统一领导下，以少数民族聚居的地区为基础建立民族自治地方，以实行自治的民族成员为主组成自治机关，按照民主集中制的原则，自主管理本民族、本地方的事务，并积极参加全国的政治生活的民主制度。我国是一个多民族的国家，共有56个民族。由于历史原因，汉族人口最多，占全国总人口的90%以上，主要居住在经济较发达、交通条件好的沿海各省市和中部地区。少数民族主要居住在西部、北部和边疆地区，在分布上呈现"大杂居小聚居"的特点。为了充分保证少数民族的民主权利不因居住得分散偏远、不因人数绝对数少而出现被重视不够、被忽略的现象，我们实行民族区域自治制度。也正是这一民族制度，不仅保证了少数民族地区和少数民族的民主权利，而且体现了统一战线大团结大联合的宗旨。民族区域自治制度体现了社会主义民主政治的广泛性，也正是这一民主制度可以保证不断扩大统一战线各方面成员的有序政治参与，并把他们的政治意愿和要求逐步纳入社会主义民主化的轨道上来，为中华民族伟大复兴凝聚力量。

三、 统一战线是实现人民民主政治的方式

实现人民民主是社会主义民主政治建设的核心内容。选举民主和协商民主是实现人民民主的两种形式。我国通过实行人民代表大会制度，实现选举民主。同时，还在重大决策前和决策执行过程中实行充分协商的协商民主，这是体现和实现人民当家作主的重要形式，它贯穿于多党合作和政治协商的全过程，表现在国家政治和社会生活的各个方面，是对人民代表大会制度这一根本政治制度的延伸和丰富。统一战线能够把人民代表大会制度体现的选举民主与多党合作和政治协商制度体现的协商民主有机结合起来，成为社会主义民主政治建设中独具特色的部分。目前，我国政治协商的形式主要有两种，一种是中国共产党同各民主党派的政治协商，另一种是中国共产党在人民政协同各民主党派和各界代表人士的政治协商。把政治协商纳入决策程序，就重大问题在决策前和决策执行中进行协商，是政治协商的重要原则。毛泽东指出："必须将关心和倾听党外人员的意见和要求及向党外人员学习，作为每个共产党员的严重责任。"[1] 参政议政是社会主

---

① 《毛泽东文集》第 2 卷，人民出版社 1993 年版，第 395 页。

义民主政治建设的又一种重要形式，它的基本点是参加国家政权，参与国家大政方针和国家领导人选的协商，参与国家事务方针政策、法律法规的制定和执行。统一战线的优势就在于通过落实具体的制度加强了党同各民主党派的联系，而且也为各民主党派建言献策提供了便利。可以说，统一战线既为党了解民意提供了重要渠道，也为拓宽参政议政的范围和民主政治建设提供了更有效的方式。

习近平总书记指出："人民是否享有民主权利，要看人民是否在选举时有投票的权利，也要看人民在日常政治生活中是否有持续参与的权利；要看人民有没有进行民主选举的权利，也要看人民有没有进行民主决策、民主管理、民主监督的权利。社会主义民主不仅需要完整的制度程序，而且需要完整的参与实践。"① 完整的制度程序和完整的参与实践，就是要求从制度上和实际运行上保证民主要体现到从选举到决策、管理、监督的全过程，即全过程人民民主。而中国共产党领导中国人民发展全过程人民民主的历程，同建立和发展统一战线的历程也紧密相连。在不同的历史时期，我们党逐渐形成了全面、广泛、有机衔接的人民当家作主制度体系，巩固和发展最广泛的爱国统一战线，构建了多样、畅通、有序的民主渠道，把民主的价值和理念落到实处。而只有坚持将统一战线这一宝贵历史经验传承好、遵循好、发扬好，将民主选举、民主协商、民主决策、民主管理、民主监督各个环节贯通起来，才能不断发展全过程人民民主。发展全过程人民民主，就是支持和保证人民当家作主。中国共产党领导的统一战线

---

① 《在庆祝中国人民政治协商会议成立65周年大会上的讲话》，《人民日报》2014年9月22日。

坚持大团结大联合，以多样、畅通、有序的民主参与，有效保证全体人民依法通过各种途径和形式管理国家事务，管理经济和文化事业，管理社会事务，激发统一战线广大成员的积极性、主动性、创造性，促进政党关系、民族关系、宗教关系、阶层关系、海内外同胞关系和谐，最大限度凝聚起共同团结奋斗的强大力量。所以，统一战线的人民性，体现了全过程人民民主的要求，极大地丰富了全过程人民民主的实践。

另外，统一战线也有利于完善党内民主监督。"民主监督就其本义来讲是指人民群众运用民主权利监察和督促政党、政府及公务人员，是人民直接参与公共事务管理、行使当家作主权利的体现。"[1] 在我国，共产党是执政党，是领导社会主义事业的核心力量。党的领导地位决定了党内民主是我国社会主义民主的重要内容以及其在社会主义民主建设中的重要地位，因此，完善党内民主尤为必要、重要。而完善党内民主不仅要靠共产党内部力量进行自我完善，还要辅之党外朋友、民主党派同志、广大群众的外部帮助与监督，因为他们"能够对于我们党提供一种单靠党员所不容易提供的监督，能够发现我们工作中的一些我们所没有发现的错误或缺点，能够对于我们的工作作出有益的帮助"[2]。统一战线作为完善党内民主的外部力量，具有社会的监督、政协的民主监督等综合优势，它既能发挥各自监督的优势，又能避免单个监督存在的不足。

---

① 李金河：《论民主党派的民主监督》，《当代世界社会主义问题》2017 年第 2 期，第 3 页。

② 《邓小平文选》第 1 卷，人民出版社 1994 年版，第 225 页。

第四节　统一战线是党治国理政的重要法宝

　　统一战线作为党的重要的法宝，不仅推动着中国特色社会主义事业取得一个又一个胜利，而且是治国理政不可或缺的机制力量和重要法宝。2021 年 11 月，党的十九届六中全会通过的《中共中央关于党的百年奋斗重大成就和历史经验的决议》明确指出："建立最广泛的统一战线，是党克敌制胜的重要法宝，也是党执政兴国的重要法宝。"[①]"统一战线是中国特色社会主义制度不可或缺的组成部分，是我国国家治理体系和治理能力现代化的重要力量。"[②] 统一战线与治国理政密切相关，在推进国家治理现代化体系建设的过程中扮演着重要角色。中国共产党作为执政党，在推动国家治理现代化的过程中，高度重视、充分发挥统一战线的重要法宝作用，将统一战线深度嵌入国家治理体系，融入国家治理的方方面面，发挥其在国家治理体系的各个层面和运行环节中的独特作用，为"中国之治"贡献力量。统一战线就是要做好团结人的工作，协调关系，化解矛盾，争取人心，凝聚力量，最广泛、最充分地调动一切积极因素，为实现国家治理现代化的目标聚力凝智、彰显优势、竭尽所能。

---

① 《中共中央关于党的百年奋斗重大成就和历史经验的决议》，《人民日报》2021 年 11 月 17 日。
② 全根先：《疫情防控彰显我国统一战线制度优势》，《人民论坛》2020 年第 30 期，第 109 页。

一、统一战线是国家治理体系的重要构成部分

国家治理主要是对发生在国家共同体内部和外部的事务进行有效管控。相对于"管理","治理"强调的是为问题寻求解决方案,需要多方协商和创新。① 国家治理是一种现代民主治理方式,是不断化解矛盾、促进社会和谐、实现全过程人民民主的动态过程。新中国成立前夕,毛泽东就提出"我们不但善于破坏一个旧世界,我们还将善于建设一个新世界"②,取得全国胜利后,如果不能学会如何治理,那么"我们就不能维持政权,我们就会站不住脚,我们就会要失败"③。这个新世界就是要"保证人民当家作主,体现人民共同意志"④,这也是国家治理体系的本质特征。因此,我国国家治理体系具有相应的反映人民群众根本意愿、实现人民当家作主的功能。中国共产党建党百年的奋斗史蕴含着调动群众参与革命、建设、改革的重要启示,1945 年,毛泽东在与黄炎培关于"历史周期率"的"窑洞对话"中指出,中国共产党人已找到跳出"历史周期率"的新道路,那就是使用民主。只有让人民来监督政府,政府才不敢松懈。只有人人起来负责,才不会人亡政息。从对话中我们可以看到,实行民主是党实现长期执政的很重要的一种治国方式。尤其是成为执政党以后,中国共产党更是在社会主义建设和改革开放实践中,充分发挥了依靠人民群众

① 燕继荣:《以制度建设推进国家治理现代化》,《光明日报》2020 年 3 月 25 日。

② 《毛泽东选集》第 4 卷,人民出版社 1991 年版,第 1439 页。

③ 《毛泽东选集》第 4 卷,人民出版社 1991 年版,第 1428 页。

④ 《习近平谈治国理政》第 3 卷,外文出版社 2020 年版,第 123 页。

治国理政的政治优势。

党的十八大以来，在国家治理实践中，中国共产党领导的多党合作和政治协商制度在促进决策科学化民主化、动员社会力量、维护政治格局稳定、夯实基层治理运作基础中发挥了不可替代的作用。中国共产党领导的多党合作制度为统一战线组织和统一战线成员发挥优势、参与社会事务管理提供了广阔的舞台，为国家治理现代化开辟了崭新境界。人民政协既是人民民主的重要实现形式，也是最广泛的统一战线组织，更"是国家治理体系的重要组成部分"①。政党协商提升了国家治理体系的科学决策能力，提升了基层治理效能，提升了国家治理体系的包容吸纳能力。执政的中国共产党要"自觉坚持以政党治理引领国家治理"②，运用好统一战线这一法宝，"找到最大公约数，画出最大同心圆"。可见，统一战线是中国共产党治国理政中运用的长期战略方针，可以被视为国家治理的一种重要手段。

而且我们知道，国家治理最终的目标是"实现'良治'，确保国家利益最大化，全体人民福利最大化"③，其核心就是要在国家与社会分离的大格局下，构建出一条政府主导的国家与社会良性互动、协商共治的制度化渠道。现代化的国家治理所倡导的治理理念及采用的治理方式是双向互动、协商共治。这个制度化渠道既必须具有中间性质，也要有利于国家与社会之间的沟通和双向互动。而统一战线是我

---

① 习近平：《在纪念中国人民政治协商会议成立 65 周年大会上的讲话》，《人民日报》2014 年 9 月 22 日。

② 毛志华、郭城：《以政党治理引领国家治理》，《今日海南》2019 年第 11 期，第 26 页。

③ 胡鞍钢：《治理现代化的实质是制度现代化——如何理解全面深化改革的总目标》，《人民论坛》2013 年第 2 期，第 20—21 页。

国社会政治系统中一个不可忽视的具有突出的中间特性的重要中介，构筑了国家与社会自上而下和自下而上的双向互动关系，完善了国家治理中国家与社会的协商共治渠道，有助于促进国家与社会善治格局的形成，因而能够成功嵌入国家治理现代化制度框架，成为国家治理现代化中连接国家与社会、协调国家与社会关系的重要中介机制。同时，统一战线参与国家现代化治理本质上是统一战线固有的政治功能和社会功能的自然延伸。在政治功能方面，统一战线服务国家治理现代化是执政党赋予其的基本职责。针对国家现代化治理中存在的问题，统战工作部门尤其是政协组织可以凭借其参政议政、民主监督的政治优势，直接根据执政党的安排和部署，组织和引导广大统战成员进行广泛的、多层次的协商，从而提高党和政府的国家现代化治理水平。在社会功能方面，统一战线参与国家现代化治理是统一战线服务广大人民群众的应有之义。统战工作部门具有"了解情况、反映情况"的基本职责，这不但有助于党和国家更好掌握国家现代化治理中涉及广大人民群众的各类情况，而且有助于反映广大人民群众对于国家现代化治理的诉求和意见。由此可见，统一战线是国家治理不可或缺的制度安排，它为增强国家治理的协调性、不断释放我国制度"红利"、提升国家治理效能输送着源源不断的动能。

二、 统一战线是国家治理主体格局的重要力量

治理不同于管理，更不同于统治。国家治理现代化，强调的是"多元共治"，这里的"多元"是指治理主体的多元多样。在中国社

会，公民、政党、政府、企业、社会、社团、媒体等都是国家治理的实践主体。从这一点来说，统一战线的对象、成员与国家治理的参与主体具有重合性，统一战线的对象、成员基本都是国家治理主体。例如，我国的民主党派和无党派人士就是国家治理的重要参与者、推动者。就性质而言，统一战线是"四者联盟"①，以中国共产党为领导，以工农联盟为基础。就范围来说，统一战线涵盖了国内、国外两个范围。统一战线的工作范围涵括了民主党派成员，无党派人士，党外知识分子，少数民族人士，宗教界人士，非公有制经济人士，新的社会阶层人士，出国和归国留学人员，香港同胞、澳门同胞，台湾同胞及其在大陆的亲属，华侨、归侨及侨眷以及其他需要联系和团结的人员等十二类人士。统一战线的工作对象是党外人士，重点是其中的代表人士。这些范围和对象，基本囊括了所有国家治理主体。而国家治理涉及政治、经济、社会、文化、生态"五位一体"建设体系的多个领域的治理，其核心是政治、经济、社会三者的变革，其基本趋势是"政府主导"下"政府—市场—社会"的多元共治。统一战线的对象和成员既是国家治理的主体，也是国家治理的客体。他们以大团结大联合为主题，以求同存异作为工作原则，具有凝聚人心、汇聚力量的重要作用，具有联系广泛的独特优势，因此，才能够成功嵌入国家治理新格局，成为国家治理主体格局的重要力量。可见，统一战线成为国家治理现代化主体格局的重要力量，符合多元治理的国家治理现代化趋势。

---

① 《中国共产党统一战线工作条例》，人民出版社 2021 年版，第 3 页。

统一战线内部包含着横跨政治、经济、社会、文化、生态五个领域的多种国家治理主体，在国家治理尤其是政治治理、经济治理、社会治理中扮演着多元一体的复合角色。在政治治理领域，统一战线作为社会主义民主政治的重要组成部分，内嵌于国家治理，通过国家治理与统一战线之间的互动，形成了统一战线的独特优势和功能作用。"我国国家治理体系和治理能力是中国特色社会主义制度及其执行能力的集中体现"①，而统一战线集多元参与、民主协商与凝聚共识、统一领导于一体，既有配套的政治制度安排，又有广泛的组织动员和汇聚力量能力，能推动政治制度高效运转，实现政治制度对党和国家生活的基础性保障作用。统一战线"能够有效保证人民享有更加广泛、更加充实的权利和自由，保证人民广泛参加国家治理和社会治理"②，既是争取人心、凝聚力量、促进和谐、维护稳定的"黏合剂"，也是民主参与、利益表达、政治协商、建立共识的"整合器"，因而统一战线是国家治理效能的"倍增器"。

在经济治理领域，统一战线以"充分尊重、广泛联系、加强团结、热情帮助、积极引导"为指导方针，以非公有制经济组织的形式，鼓励和引导个体户、私营企业主、受聘于外资企业的管理技术人员、中介组织从业人员、民营科技企业创业人员和技术人员、自由职业人员等新的社会阶层人士通过自身的健康发展、履行自身社会责任来服务于国家治理现代化。例如，统一战线在帮扶毕节试验区的32

---

①《中共中央关于坚持和完善中国特色社会主义制度 推进国家治理体系和治理能力现代化若干重大问题的决定》，《人民日报》2019年11月6日。

②《在庆祝全国人民代表大会成立60周年大会上的讲话》，《人民日报》2014年9月6日。

年中，运用多党合作的"1+3"工程，联系实际，内引外联，凝聚民主党派优势力量，以民进中央、民盟中央为牵头单位，利用全国各省市民主党派、党外知识分子联谊会、光彩事业促进会等资源优势，在旅游、农业、教育三方面抓住脱贫关键点，打造同心示范品牌，为服务脱贫攻坚书写了浓墨重彩的一笔。

在社会治理领域，统一战线可以利用其联系广泛的优势，通过统战性团体引导社会组织、基层组织、统一战线成员甚至是广大人民群众，在政府的主导下积极参与社会治理，激发社会组织活力，深化居民自治，增强社会自我调节功能，提高社会治理水平，以此来服务国家治理现代化。

三、 统一战线是国家治理思维理念的重要源泉

我国的国家治理体系和治理能力现代化，首先是在治理理念上的现代化。统一战线作为我们党夺取革命、建设、改革事业胜利的重要法宝，在长期的实践中积累了丰富的理念资源，是国家治理现代化思维理念的重要源泉。统一战线之所以不可或缺，不仅因为它是国家治理体系的重要组成部分，也因为在提升国家治理能力中具有独特优势，更因为统一战线理念与国家治理理念内在贯通、高度一致。马克思主义共同体理论是统一战线理论的新原点，也是国家治理的落脚点。对国家治理而言，马克思主义共同体是中国特色国家治理现代化的奋斗目标，必然要求国家治理做到政治领域与社会领域高度整合、国家权力与社会权利有机统一、个人自由与社会发展齐头并进。根据

马克思主义共同体理论，统战工作应当以实现中华民族伟大复兴的中国梦完成政治整合，以社会主义核心价值观完成文化整合，以中国特色社会主义制度完成制度整合，以协商对话机制完成利益整合。"统战工作的本质要求是大团结大联合，解决的就是人心和力量问题。"①因此，按照马克思主义共同体理论，统一战线必须要坚持党的领导，充分发挥党总揽全局、协调各方的统战优势；必须要重视大团结大联合，扩大执政基础，吸纳党外人才，团结广泛力量；必须要关注人心向背与力量对比，化解社会矛盾，协调各方利益，凝聚民族共识；必须要强调社会团结而非分化对抗，在多样性中找到一致性，在差异性中寻求共同性。

统一战线能为国家治理现代化提供求同存异的包容理念。"在当前利益多元、文化多样的条件下，国家治理既要确保公共利益和主流价值不受侵害，也要根据实际情况尊重差异、包容多样、考虑个别。"②可见，国家治理现代化的过程就是一个谋求多元共存、多元共治、多元利益公约数最大化的过程，推进国家治理现代化没有求同存异的包容精神作为理念支撑是难以为继的。统一战线领域的求同存异既善于求同、保证一致性，又敢于存异、允许多样性，具有同与异、一致性与多样性等多种具体组合形式，其中求同是统一战线的首要任务和根本目的。在这方面，统战工作既是实现国家治理现代化的重要路径，也是培育国家治理现代化求同存异包容理念的重要源泉。

---

① 中共中央宣传部：《习近平总书记系列重要讲话读本》，学习出版社、人民出版社2014年版，第173页。

② 李抒望：《正确认识和把握国家治理现代化》，《学习论坛》2014年第2期，第51页。

　　统一战线能为国家治理现代化提供平等协商的民主理念。要推进国家治理现代化，就要适应时代变化，通过改革和创新，充分发挥党的领导、政府管理、市场机制和社会自治的作用，而这一切又离不开平等协商的民主理念。统战工作中的平等协商既注重民主与平等，又注重主客体间的双向良性互动，这种协商是民主的、平等的、真诚的，是经过反复商量、充分交换意见、集思广益而达成的政治上的一致或基本一致。当前，我国国家治理领域面临着诸多治理危机，不民主、不平等现象时常存在，亟须借鉴平等协商这一民主理念资源，在事关国家治理现代化的议题上广泛开展各类协商。在这方面，统一战线积累了许多宝贵经验，是培育国家治理现代化平等协商民主理念的重要源泉。

第二章

统一战线的光辉发展历程

党的十九届六中全会总结了党百年奋斗的历史经验，通过了《中共中央关于党的百年奋斗重大成就和历史经验的决议》，把坚持统一战线列为我们党百年奋斗的十条重要历史经验之一。统一战线是百年来中国共产党领导中国人民取得伟大胜利的重要法宝。在百年发展的历程中，党的统一战线始终坚持团结一切可以团结的力量，努力实现大团结大联合，为完成党的不同历史时期的历史使命和时代任务做出了重要贡献。基于此，梳理统一战线在不同历史时期形成和发展的历程，有助于我们在新的历史阶段更好地坚持统一战线，为实现第二个百年奋斗目标凝聚磅礴伟力。

第一节　新民主主义革命时期的不断探索与开创发展

中国是一个历史悠久的文明古国，但自 1840 年鸦片战争后，却在西方列强的侵略下逐渐成为半殖民地半封建社会。近代以来中国人民的历史任务就是推翻帝国主义和封建主义的压迫，争取民族独立、人民解放。为了完成反帝反封建的任务，实现民族独立和人民解放，中国各民族的人民大众与帝国主义和封建主义势力进行了英勇斗争，并从斗争中觉醒和团结起来。1921 年，中国共产党成立后，中国革命的面貌焕然一新了。为了打倒势力强大的帝国主义和封建主义，中国共产党联合一切可以联合的力量，在不同的革命发展阶段，面对着不同的历史任务，分别形成和建立了大革命时期的民族民主革命统一战线、土地革命战争时期的工农民主统一战线、抗日战争时期的抗日民族统一战线和解放战争时期的人民民主统一战线四条统一战线，为革命取得胜利凝聚起了坚不可摧的革命力量。

一、大革命时期的民族民主革命统一战线

1921 年中国共产党成立后，肩负起了反帝反封建的历史使命。党在领导人民革命斗争的实践中逐步认识到，要完成反帝反封建的历史使命，仅靠工人阶级的孤军奋战是不够的。当时，以毛泽东为代表的中国共产党人对中国的社会性质和阶级结构进行了分析，提出中国是

一个"两头小、中间大"的社会，地主阶级、官僚资产阶级与帝国主义势力相勾结，势力特别强大，无产阶级和地主阶级、大买办阶级都只占人口中的少数，人数最多的则是农民、城市小资产阶级以及其他中间阶级。因此，要想取得革命胜利，就必须团结一切可能的革命阶级和阶层，建立革命联合战线。

成立伊始，党就开启了对统一战线的探索，但没有意识到与革命政党建立统一战线的重要性。在共产国际的指导和帮助下，党逐渐深化了对中国革命性质、前途和任务的认识。1922 年共产国际远东各国共产党及民族革命团体第一次代表大会阐明了被压迫民族所面临的反帝反封建的历史任务，强调被压迫民族所有的阶级、阶层必须联合起来，结成统一战线，这对中国共产党产生了积极影响。① 对此，1922 年 7 月中共二大通过了《关于"民主的联合战线"的议决案》，提出要"联合全国一切革命党派，联合资产阶级民主派，组织民主的联合战线"②。中国共产党主张国共合作，同时也对合作的方式进行了独立的探索。党的二大主张与革命政党建立民主联合战线，实现党外合作，但遭到国民党的拒绝。1923 年 6 月，党的三大召开，讨论的中心议题是如何合作，即共产党是否以加入国民党的方式进行党内合作的问题。经过讨论，党的三大决定通过共产党员以个人身份加入国民党的方式实现国共党内合作，但在政治上、思想上、组织上要保持独立。1924 年，国民党一大召开，不仅确认了共产党员以个人身份加入国民党的原则，而且确立了"联俄、联共、扶助农工"三大政策，这

---

① 丁俊萍、颜苗苗：《中国共产党百年来统一战线工作的历程和经验》，《江苏社会科学》2021 年第 3 期，第 12 页。

② 中共中央党史研究室：《中国共产党历史》第 1 卷（上），中央党史出版社 2011 年版，第 81 页。

是第一次国共合作的政治基础。同时，国民党改组为由工人、农民、城市小资产阶级、民族资产阶级四个阶级组成的民主革命联盟。这标志着国共两党正式结成联合统一战线，这也是中国共产党统一战线的开端。

在统一战线正式建立后，为了巩固和发展革命统一战线，加强对日益高涨的革命运动的领导，1925年党的四大在上海召开，提出了无产阶级在革命中的领导权问题和工农联盟问题，并总结了国共合作以来的经验教训及国民党内部左右分化情况，指出共产党要坚持彻底的民主革命纲领，保持党的独立性，在思想上、组织上和群众宣传上坚持"打击右派，争取中派，扩大左派"的方针，加紧同国民党内的妥协倾向做斗争。党的四大推动了以五卅运动为标志的大革命高潮的到来。然而，伴随着革命运动的迅速发展，革命统一战线阵营内部开始出现分裂。1927年，蒋介石发动"四一二"反革命政变，汪精卫发动了"七一五"反革命政变，国民党反动派在此期间大肆屠杀共产党员和革命群众，使第一次国共合作彻底失败，也宣告了大革命的失败。

党在建党初期和大革命时期，团结带领各革命阶级，促成了以国共合作为基础的民族民主革命统一战线，为北伐战争的胜利和中国革命新局面的出现创造了有利条件。但由于此时党还处在幼年时期，在实现革命领导权的途径以及如何正确处理同资产阶级争夺领导权过程中遇到的复杂问题方面缺乏经验，不善于将马克思主义基本原理同中国具体实际结合起来，因而在反革命力量强大、资产阶级发生严重动摇、蒋介石集团和汪精卫集团先后叛变革命时未能挽救革命。虽然轰轰烈烈的大革命失败了，但是经过大革命，党从正反两方面积累了深刻的经验和教训，为后来中国共产党确立以反对封建压迫和国民党新军阀的统治为目标建立工农民主统一战线奠定了基础。

二、 土地革命战争时期的工农民主统一战线

大革命失败后，国共两党之间的关系由合作走向对立，党的组织转入地下，革命陷入低潮。在这种情况下，党认真总结了大革命失败的经验教训，进一步认识到坚持党对统一战线的领导是革命统一战线巩固和发展的关键。1927 年党的八七会议通过的《中国共产党中央执行委员会告全党党员书》指出，"在严重的环境之下……我们要整顿改编自己的队伍，纠正过去严重的错误，而找着新的道路"[①]，这一新的道路就是发动工农、将工人运动与农民武装暴动相结合，同时必须保持共产党员的独立政治面貌。1928 年毛泽东在《中国的红色政权为什么能够存在?》一文中强调，"中国迫切需要一个资产阶级的民主革命，这个革命必须由无产阶级领导才能完成"[②]，强调了党的领导权对统一战线的重要性。基于此，党的六大不仅制定了建立工农民主统一战线的策略，而且再次强调要巩固工人阶级与共产党在农民运动与工人运动中的领导，并根据革命发展的具体情况，主张实行"下层群众的统一战线"。因此，这个时期的统一战线的性质是"反封建压迫、反国民党统治的工农民主的民族统一战线"[③]。

所以，当革命处于低潮时，以毛泽东为代表的中国共产党人开始

---

① 中共中央文献研究室、中央档案馆：《建党以来重要文献选编（1921—1949）》第 4 册，中央文献出版社 2011 年版，第 439—440 页。

②《毛泽东选集》第 1 卷，人民出版社 1991 年版，第 48 页。

③《周恩来选集》上卷，人民出版社 1980 年版，第 207 页。

把统战工作的重心重新放在了建立和巩固工农联盟上，在农村建立革命根据地，开展土地革命，依靠工人、农民这两个革命主要同盟军，建立和巩固工农民主统一战线，成功解决了在农村依靠谁、团结谁、打击谁的问题，开辟了一条适合中国国情的农村包围城市、武装夺取政权的革命新道路。开展武装斗争、进行土地革命、建立革命政权的三位一体的武装割据思想，解决了工农联盟的核心问题。将这种思想付诸实践，就是中国共产党领导的工农民主统一战线的实际开端。1931 年 11 月，在瑞金成立的中华苏维埃共和国临时中央政府，就是工人、农民、小资产阶级的统一战线的革命政权。虽然苏维埃政权完全是中国共产党领导的工农大众占绝对优势的政权，但是这种政权是由工人、农民和城市小资产阶级三个阶级联盟构成的，无论从政权基础、革命任务还是阶级构成看，这种由无产阶级领导的以工农联盟为基础的包括城市小资产阶级在内的反帝反封建的工农民主专政，是党领导创建的第一个国家形态的工农民主的政权。建立革命政权之后，党领导人民在革命根据地进行了土地改革，初步形成了一条依靠雇农、贫农，联合中农，保护中小工商业，限制富农，消灭地主阶级，变封建和半封建的土地所有制为农民的土地所有制的土地革命路线。解决了在农村依靠谁、团结谁、打击谁的问题，为以后赣南根据地的形成、发展和中央革命根据地的建立奠定了基础。

土地革命战争时期，中国共产党开始走上了独立领导中国革命的道路，建立了工农联盟为基础的工农民主统一战线。统一战线把工人、农民和士兵群众作为革命的基本力量，奠定了统一战线的基本阶级基础，为深入开展土地革命和巩固工农联盟、发展壮大工农红军，进而取得革命胜利提供了重要条件。但同时这一时期以王明为代表的

"左"倾冒险主义者对中国革命形势做出错误估计，在统一战线问题上采取关门主义，错误地把民族资产阶级当作最危险的敌人加以排斥和打击，使工农民主统一战线的社会基础和革命力量受到削弱并遭到严重挫折。

三、 抗日战争时期的抗日民族统一战线

1931 年，日本发动九一八事变，挑起了侵华战争，国内外形势复杂程度升级。1935 年，以华北事变为标志，日本帝国主义加剧了对华北进一步的入侵，使中华民族陷入了空前的民族危机，日本帝国主义与中华民族的矛盾上升为中国社会的主要矛盾，中华大地上的抗日救国运动达到了高潮。在中华民族生死存亡的紧要关头，如何联合尽可能多的力量进行抗日民族战争，成为中国共产党和中国人民面临的最紧迫的问题。中国共产党顺应时代的要求，适时地提出了建立抗日民族统一战线的主张，并制定出适合新的战略方针的各项具体政策。

华北事变后，中国共产党发布的《为抗日救国告全体同胞书》，确立了抗日民族统一战线的新策略，是推动第二次国共合作的重要文件。1935 年，随着抗日民族武装斗争的进一步白热化，在大规模的抗日民主运动重新高涨的形势下，中国共产党召开了瓦窑堡会议，系统讨论了国民政府、抗日联军和抗日民族统一战线等问题。1937 年七七事变后，在中国共产党的努力下，国共双方达成一致意见并发表《中共中央为公布国共合作宣言》，国民党公开承认中国共产党的合法地位，标志着第二次国共合作的达成，工农红军与广大人民群众、部分国民党人、民族资产阶级等一切爱国人士组成了广泛的全民族抗日统

一战线，共同举起了抗日大旗。

抗日民族统一战线的建立是抗战取得胜利的保障，因为此时的统一战线包括了整个中华民族一切爱国力量，是工人阶级、农民阶级、城市小资产阶级、民族资产阶级、海外华侨以及除汉奸、投降派以外的地主阶级和亲英美的官僚买办资产阶级的广泛联盟。正是联合和团结了一切抗日的力量，全国才能上下团结一心对抗日本帝国主义的入侵，爆发出了惊人的战斗力。同时，统一战线也进入了一个新的阶段，抗日民族统一战线不断发展壮大，为抗日战争的最后胜利奠定了坚实的政治基础，也标志着中国共产党对于统一战线的认识已基本体系化与理论化。

为了巩固和扩大抗日民族统一战线，最终赢得全民族抗战的胜利，中国共产党吸取之前的经验教训，对抗日民族统一战线的长久发展做出了自己的贡献。第一，坚持党对统一战线的领导。中国共产党认识到，没有党对统一战线的领导，就难以建立起抗日民族统一战线，为此，党制定和实施了全面抗战路线和持久战的战略总方针，领导人民军队深入敌后发动群众，开展抗日游击战争，创立了"三三制"民主政权形式，坚持"有理、有利、有节"的斗争原则，成为全民族抗战的中流砥柱。第二，提出统一战线是抗日战争胜利的重要法宝的论断。1939年，毛泽东在《〈共产党人〉发刊词》中提出，统一战线、武装斗争、党的建设是中国革命的三个基本问题，也是中国共产党在中国革命中战胜敌人的三个法宝。第三，提出正确处理阶级矛盾和民族矛盾之间的关系的具体政策。毛泽东提出了"发展进步势力，争取中间势力，孤立顽固势力"的抗日民族统一战线策略方针，广泛地发动工人、农民、城市小资产阶级等，争取民族资产阶级、开明绅士、地方实力派等中间势力，为巩固党领导的统一战线发挥了积极作用，也为党的统一战线理论增添了新的内容。第四，成立了专门的统战机构，巩固了党的统战工作。1939年1月中共中央书记处会议决定"组织中央统一战线部"，此后统战机构在统一战线建设中发挥了重要的作用。

四、 解放战争时期的人民民主统一战线

1945年，抗日战争胜利后，面对遭受战争摧残的破碎山河，民众迫切希望拥有一个和平、民主、团结、安定的政治环境，建设一个独立、自由、统一、富强的崭新国家。在这样的时代诉求下，中国共产党从全国人民的根本利益出发，顺应人民群众求和平、求民主、求团结的心愿，发表了《对目前时局的宣言》，提出"巩固国内团结，保证国内和平，实现民主，改善民生，以便在和平民主团结的基础上，实现全国统一，建设独立自由与富强的新中国"①，要求召开各民主党派和无党派人士的联合会议，商讨建立统一的联合政府，进而推动战后国家建设。然而，以蒋介石为首的中国国民党统治集团逆历史潮流而为，违背全国人民的时代诉求，公然破坏政协协议、撕毁停战协议、迫害民主人士，悍然发动全面反革命内战。为了推翻反动政权，建立新中国，党号召全国工农兵学商各被压迫阶级、各人民团体、各民主党派等联合起来，建立起了包括工人、农民、城市小资产级、民族资产阶级、各民主党派、开明绅士、其他爱国分子、少数民族同胞

---

① 中共中央文献研究室、中央档案馆：《建党以来重要文献选编（1921—1949）》第22册，中央文献出版社2011年版，第655页。

和海外侨胞在内的广泛的人民民主统一战线。这是一个包括全民族绝大多数人口在内的最广泛的革命民族统一战线，也是党组织动员构建的最广泛的人民民主统一战线。

毛泽东在1947年发表的《目前形势和我们的任务》和1948年发表的《关于目前党的政策中的几个重要问题》中全面阐述了人民民主统一战线的方针和政策。第一，阐明了党对人民民主统一战线的领导。毛泽东指出："没有中国共产党的坚强领导，任何革命统一战线也是不能胜利的。"[①]中国共产党要争取和巩固人民民主统一战线领导权就必须具备两个条件：要率领被领导者与敌人做坚决斗争，并取得胜利；同时要给予被领导者物质福利或至少不损害其利益，并且要对被领导者开展政治教育。正是基于这两个条件，中国共产党实现了对统一战线的领导。第二，说明了人民民主统一战线的内部力量。人民民主统一战线是最广泛的统一战线，斗争对象是以蒋介石为首的国民党反动派及美帝国主义，因此，我们组成的人民民主统一战线，既包括农村的贫雇农、中农和其他劳动阶级，也包括工人、农民、独立工商业者、知识分子、自由职业者、开明绅士和被压迫的少数民族和海外华侨等。贫雇农是人民民主统一战线的重要力量，但不是唯一力量。

1948年，中共中央发布纪念五一劳动节口号，号召各民主党派、各人民团体、各社会贤达迅速召开政治协商会议，召集人民代表大会，成立民主联合政府。"五一口号"得到了各民主党派的积极响应。新中国成立前夕，第一届政协会议召开，通过了《中国人民政治协商会议共同纲领》《中国人民政治协商会议组织法》等具有划时代意义

---

①《毛泽东选集》第4卷，人民出版社1991年版，第1257页。

的重要文件，进一步确定了中国共产党的领导地位，将各民主党派和无党派代表人士紧紧团结在党的周围，形成了多党合作、协商建国的政治局面，进一步巩固和发展了人民民主统一战线。人民民主统一战线的组织形式是人民政协，这是对统一战线形式的重大创新。人民政协的成立，不仅标志着百年来中国人民争取民族独立和人民解放运动取得了伟大胜利，而且标志着人民民主统一战线和全国人民的团结联合在组织上完全形成，具有重大历史意义。

第二节　社会主义革命与建设时期的全面推进与曲折发展

新中国成立后，面对内部百废待兴、外部帝国主义武装挑衅的复杂困难局面，我们党继续巩固和发展人民民主统一战线。正如毛泽东所指出的，"我们必须团结各民族、各民主阶级、各民主党派、各人民团体及一切爱国民主人士，必须巩固我们这个已经建立的伟大的有威信的革命统一战线"[1]。中国共产党继续巩固发展统一战线的总方针使民主革命时期的人民民主统一战线在过渡时期得到进一步的发展。在社会主义基本制度建立后，全党确立了与各民主党派"长期共存、互相监督"的方针，领导创立了包括"一切赞成、拥护和参加社会主义建设事业的阶级、阶层和社会集团"[2] 在内的社会主义统一战线，

---

①《毛泽东文集》第 6 卷，人民出版社 1999 年版，第 81 页。
②《毛泽东文集》第 7 卷，人民出版社 1999 年版，第 205 页。

为开展社会主义建设发挥了积极作用。纵观来看，这一时期统一战线经历了过渡时期人民民主统一战线的巩固和发展以及全面建设社会主义时期统一战线的曲折发展两个历史时期。

一、 过渡时期巩固和发展人民民主统一战线

新中国的成立，标志着新民主主义革命的基本结束和社会主义革命的开始，我国进入新民主主义到社会主义的过渡时期。从 1949 年到 1956 年，党的中心任务发生重大转变，即从领导人民夺取全国政权转变为领导人民巩固新生政权，从新民主主义向社会主义过渡，逐步实现社会主义工业化，实现国家对农业、手工业和资本主义工商业的社会主义改造，建立社会主义基本制度，把我国建设成为社会主义国家。针对这一新形势与新任务，中国共产党作为执政党与各民主党派建立起了新型的亲密合作共事关系，《中国人民政治协商会议共同纲领》成为统一战线各方面团结合作的共同政治基础和行为准则。统一战线的组织形式为中国人民政治协商会议，统一战线的任务是在实行共同纲领、巩固工农联盟的基础上，密切团结全国各民族、各民主阶级、各民主党派、各人民团体、广大华侨、各界民主人士及其他爱国分子，争取尽可能多的能够同我们合作的人，为稳步地实现党在新时期的历史任务而奋斗，从而巩固和扩大了党的统一战线，最大限度地团结和联合对利益诉求并不相同的各个群体，推动了社会主义改造的顺利完成。

过渡时期的统一战线主要有以下几个方面的内容。第一，中国共产党大力支持和动员民主党派组织发展，号召并帮助各民主党派加强

其自身建设，为中国共产党与民主党派在人民民主专政的历史条件下继续坚持和发展合作打下了坚实的基础。第二，对民族资产阶级进行了改造。民族资产阶级具有两面性，党成功地运用和平赎买的方法，将资本家改造为自食其力的社会主义劳动者，加强和扩大了广泛的统一战线。第三，对知识分子实行团结、教育、改造的政策，强调必须把知识分子团结在党和政府的周围，充分发挥他们在科技、教育、文化方面的作用，极大鼓舞了广大知识分子投身社会主义事业的积极性。第四，建立新型的民族关系和实施新的宗教政策。采取一系列的政策举措保障各民族的平等权利，促进民族平等团结，为建立起新型的民族关系奠定了坚实的基础。同时，坚持独立自主自办宗教的政策，贯彻宗教信仰自由政策，扩大统一战线。第五，加强与海外华侨的联系，制定了侨务工作的一系列方针政策，出台了一系列法令和文件，从多个领域制定了惠侨政策，加强了祖国与海外华侨的联系，发展了人民民主的爱国统一战线。

此外，这一时期人民政协在职能上也实现了转变。1954 年第一届全国人民代表大会第一次会议召开后，人民政协便不再代行全国人民代表大会的职权，而是正式作为统一战线组织而存在，在国家政治生活、社会生活及对外交往中发挥着重要作用。该会议上通过的《中华人民共和国宪法》作为国家根本大法，明确了人民民主统一战线的性质、地位、作用，为人民民主统一战线的巩固和发展提供了最根本的法律保证；同时还以法律形式把国家的性质、人民民主的政治制度、向社会主义过渡的方针步骤、民族区域自治等重大问题明确地规定下来，成为各民族、各民主党派和各界人士团结的政治基础。

二、 全面建设社会主义时期党的统一战线的曲折发展

1956 年社会主义改造基本完成后，中国开始进入全面建设社会主义时期，人民民主统一战线的主要任务就变成为建设社会主义这一伟大事业服务。1956 年 4 月毛泽东在《论十大关系》中明确提出要调动一切直接的和间接的力量，把我国建设成为一个强大的社会主义国家的基本方针。可以说，以 1956 年毛泽东的《论十大关系》讲话为开端，到中共八大召开，中国共产党不仅确立了把我国建设成为一个先进的社会主义工业化国家的方针政策，而且系统地对中国建设社会主义道路进行了探索，同时强调进入全面建设社会主义时期，党的中心任务就是正确处理人民内部矛盾，调动一切积极因素，为推进社会主义现代化建设服务。为此，党的统战工作的重心就转移到为社会主义服务的方向上来，团结和推动民主党派、知识分子、工商界积极投身于为社会主义服务的实践中，并在这种实践中不断进行自我改造，最终成为自食其力的社会主义劳动者。只有这样，才能动员更多可以动员的因素积极参与社会主义建设，聚集起最广大人民为社会主义而共同奋斗。

人民民主统一战线在社会主义建设探索过程中得到不断巩固和发展，并取得了较大的成果。第一，党加强了与民主党派的团结合作关系。毛泽东在《论十大关系》中首次阐明了处理中国共产党和各民主党派之间关系的八字指导方针，即"长期共存，互相监督"，并且要按照"团结—批评—团结"的方针正确认识和处理统一战线内部矛盾。为了更好地满足广大民主党派成员、无党派民主人士开展政治学

习和理论学习的要求，1956年党创办了中央社会主义学院，培养了无数同中国共产党亲密合作的民主党派和无党派人士，他们对统一战线的团结合作发挥了重要作用。第二，积极处理好民族和宗教问题。在如何处理民族工作方面，党中央专门成立了民族事务委员会，根据"慎重稳进"的方针，以民族访问团、民族区域自治、少数民族干部培训等措施改善民族关系，加强民族间的团结合作，巩固和发展了民族团结和祖国统一，促使我国的民族关系开始成为新型的社会主义民族关系。同时重申宗教信仰自由政策，推行宗教制度民主改革运动，鼓励独立自主自办宗教，做好宗教统战工作。第三，加强对知识分子的团结。提出要建立一支宏大的工人阶级自己的知识分子队伍，强调党员干部要善于团结知识分子，从根本上改善同身边知识分子的关系，对他们要给予信任，善于做好团结知识分子的工作。在科学文化工作方面实行"百花齐放，百家争鸣"的方针，先后制定颁布了"科学十四条""高教六十条""文艺八条"等条例，充分调动了广大知识分子参与社会主义建设的积极性和主动性。第四，做好华侨的服务统战工作。贯彻好"保护华侨正当利益，为华侨服务"的方针，全面落实党的各项侨务政策，努力做好归侨的接待和安置工作，充分调动了归侨、侨眷建设社会主义的积极性。

然而，由于党领导社会主义建设的经验不足，从1957年开始，党在指导思想上屡次出现错误，尤其是1957年反右派斗争扩大化后，党在指导思想上的"左"的错误不断积累和发展，党的统一战线也在这一时期经历了曲折的发展过程。特别是1966年之后的"文革"时期，统一战线遭到严重干扰和破坏，各项统一战线工作陷入停顿，但在毛泽东、周恩来等领导人的关心和维护下，统一战线没有被取消，人民政协、各民主党派、各人民团体及有关统一战线的组织也没有被取消，并在"文革"后期得到了部分恢复，为改革开放以后统一战线工作的开展奠定了基础。

第三节　改革开放和社会主义现代化建设新时期的逐步恢复与发展

1978 年党的十一届三中全会后，党把工作重心转移到经济建设上来，实行了改革开放的历史性决策，开启了以经济建设为中心的改革开放现代化建设新时期，党构建的统一战线也进入了一个崭新的历史发展时期。这一时期我国的统一战线已经成为工人阶级领导的以工农联盟为基础的社会主义劳动者、拥护社会主义的爱国者和拥护祖国统一的爱国者的广泛联盟。新时期统一战线具有空前的广泛性，团结一切可以团结的爱国力量都加入统一战线中来。自改革开放以来至党的十八大以前，新时期爱国统一战线经历了历史转折时期的恢复、改革开放新阶段的探索以及新世纪的新发展三个阶段，形成了新时期统一战线理论，反映出新时期爱国统一战线的要求和特点，将统一战线推到一个新的发展阶段。

一、 历史转折时期统一战线的恢复（背景）

"文革"结束后，党中央开始着手平反冤假错案，进行思想上和组织上的拨乱反正，此前受到严重破坏的统一战线工作也逐渐开始恢复，党在统一战线各领域的政策也逐步得到落实。这一时期党主要从三个方面着手恢复统一战线。

第一，统一战线工作的恢复与落实。1977 年 5 月，党中央召集统战部负责人讨论恢复统战工作、民族工作问题，强调要落实统战政策和民族政策，保持与各民主党派和民主人士的接触，广泛调动各方面的积极性。1977 年 10 月，中共中央批转了中央统战部《关于爱国民主党派问题的请示报告》，重新确立了"长期共存，互相监督"的方针，为各民主党派工作的恢复和开展打开了新局面。1977 年 12 月，中国人民政治协商会议第四届全国委员会常务委员会第七次扩大会议在北京召开，这标志着"文革"结束后政协组织和统一战线工作的恢复。同时，党的民族和宗教工作也逐渐恢复起来。1978 年 2 月，中国人民政治协商会议第五届全国委员会第一次会议在北京举行，大会不仅重申了党的民族政策，提出要进一步加强各民族人民的团结，而且一致通过了《中国人民政治协商会议第五届全国委员会第一次会议决议》，号召全国各界在党中央领导下，发扬社会主义民主，调动一切积极因素，加强全国各族人民大团结。这体现了党领导下各族人民和爱国力量的大团结。

第二，统一战线理论的与时俱进。在历史转折时期，根据党的工作重点的战略转移，以邓小平同志为核心的党的第二代中央领导集体，结合现实，对新时期统一战线的性质、地位、任务、对象等一系列理论问题进行了系统阐述和理论创新。邓小平明确指出新时期的统一战线就是爱国统一战线，即劳动者和爱国者的联盟；就明确了现阶段统一战线不仅是革命的爱国的统一战线，而且是一个全体社会主义劳动者和一切爱国者（包括拥护社会主义的爱国者和拥护祖国统一的爱国者）的非常广泛的联盟，"统一战线的对象，清楚得很，顾名思义，是把一切能够联合的都联合起来，范围以宽为宜，宽有利，不是窄有利。"① 统一战线担负着把我国建设成为社会主义现代化强国和促进祖国统一的双重任务。

第三，统一战线的各项政策得到落实。在统战工作得到恢复的同时，党在各领域的统战政策也开始逐步落实：把小商小贩、小手工业者及小业主从原工商业者中区别出来，肯定了原工商业者中的绝大部分人已经成为社会主义社会中的劳动者，其成分一律改为干部或工人；落实对知识分子的政策，重申知识分子是工人阶级的一部分的观点，认真执行党的团结知识分子政策；摘掉了地主、富农分子的帽子，改正其子女的个人成分；为国民党起义、投诚人员落实政策，宽大释放了在押的原国民党县团以下党政军特人员，落实了居住在大陆的台湾同胞及去台人员在大陆亲属的政策；落实党的民族政策，认真解决民族区域自治中存在的问题，贯彻落实党的相关民族政策；落实党的宗教政策，进一步阐明中国共产党在宗教问题上的基本观点和基本政策，修复和恢复各地的庙寺堂观及相关政策；落实党的侨务政策，重申党的侨务工作政策，恢复侨务机构，维护华侨的正当利益。

在历史转折时期，党中央解决了很多历史或政治遗留问题，恢复和落实了各项统一战线政策，调动了港澳台同胞和海外侨胞等中华儿女的爱国主义积极性，巩固了爱国统一战线，加强了中华民族的凝聚

---

① 中共中央文献研究室：《邓小平年谱（一九七五—一九九七）》（上），中央文献出版社2004年版，第549页。

力，提高了中国共产党和人民政府的威望，对促进社会主义现代化建设和祖国统一具有促进作用。

二、 改革开放新时期统一战线的探索

党的十一届六中全会后，统一战线被称为爱国统一战线。这一称谓的确定，使新时期统一战线在社会主义和爱国主义基础上的团结更加广泛了。改革开放后，为了适应党和国家工作转向以经济建设为中心的战略要求，1982 年新修订的《中华人民共和国宪法》明确指出，新时期统一战线是"由中国共产党领导的，有各民主党派和各人民团体参加的，包括全体社会主义劳动者、拥护社会主义的爱国者和拥护祖国统一的爱国者的广泛的爱国统一战线"[①]，而且指出这一统一战线将继续巩固和发展。同时，改革开放后，邓小平等老一辈革命家在争取"和平解放台湾"的基础上，创造性地提出了"一国两制"的科学构想，扩大了爱国统一战线的阵营。1986 年召开的第十六次全国统战工作会议明确提出，当前爱国统一战线的工作布局和主要任务是以统一祖国、振兴中华为总目标，团结全国各族人民、各民主党派、有关人民团体和无党派民主人士，团结台湾同胞、港澳同胞、海外侨胞和一切爱国力量，积极推动"一国两制"方针的实施，为统一祖国服务。会议还提出，发扬统一战线的爱国传统和智力优势，为改革、开放、建设社会主义物质文明和精神文明服务。

随着爱国统一战线的广泛发展，统战工作的范围越来越宽广，统

---

① 中共中央文献研究室：《十二大以来重要文献选编》（上），中央文献出版社 2011 年版，第 218 页。

战工作的对象也越来越多，包括两个统一战线，即国际范围的反霸统一战线和国家范围内的爱国统一战线，对象包括各民主党派、无党派知名人士、少数民族的上层人物、归国侨胞和海外侨胞等。在这一认识基础上，1987 党的十三大在阐述了社会主义初级阶段统一战线的特点后，明确指出在新的历史条件下，统一战线具有前所未有的长期性、重要性、广泛性、复杂性以及任务的艰巨性，必须充分认识统一战线在社会主义初级阶段的法宝作用。1990 年 6 月召开的第十七次全国统战工作会议通过了《中共中央关于加强统一战线工作的通知》（以下简称《通知》），进一步强调了党领导的最广泛的爱国统一战线的重要性。《通知》明确提出要高举爱国主义、社会主义两面旗帜，使爱国统一战线的性质更加鲜明。新时期爱国统一战线的范围和规模不断扩大，形成了两个范围的联盟，一个是大陆范围内以爱国主义和社会主义为政治基础的团结全体劳动者和爱国者的联盟，一个是大陆范围外以爱国和拥护祖国统一为政治基础的团结台湾同胞、港澳同胞和国外侨胞的联盟。这两个范围的联盟表明，新时期统一战线工作在广度和深度上都有了很大的发展，对促进改革开放和社会主义现代化建设事业的顺利发展，促进港澳顺利回归祖国、海峡两岸关系发展以及海内外中华儿女的大团结具有重大而深远的意义。

同时，这一时期中国共产党领导的多党合作的理论和民族宗教理论得到进一步丰富和发展。1989 年党中央颁布《中共中央关于坚持和完善中国共产党领导的多党合作和政治协商制度的意见》（以下简称《意见》），对我国多党合作和政治协商制度的长期实践进行了深刻总结，明确将"长期共存、互相监督、肝胆相照、荣辱与共"作为党与各民主党派合作的基本方针，在原有的八字方针基础上添加了

"肝胆相照、荣辱与共"，明确了多党合作制度的指导思想、基本原则等。以《意见》颁发为标志，中国多党合作理论有了进一步的丰富和发展，并且逐步走上了制度化、规范化的轨道。与此同时，党的民族政策和民族区域自治制度也不断法律化。我国实施民族区域自治的第一部基本法——《中华人民共和国民族区域自治法》的制定和实施，进一步健全了民族区域自治的法制建设，有力地推动了社会主义民族关系的发展，促进了各民族的共同繁荣。另外，进一步明确了社会主义时期宗教问题的基本观点和基本政策，大力推进宗教治理法治化、科学化。1992 年，邓小平视察南方并发表重要谈话和党的十四大的召开，标志着我国改革开放和社会主义现代化建设迈入新的发展阶段。这一时期党强调，"在建设社会主义的历史进程中，统一战线仍然是中国共产党的总路线、总政策的重要组成部分，仍然是我们排除万难、夺取胜利的一大法宝"[1]，再一次重新强调了统一战线的法宝作用。

三、 新世纪统一战线的新发展

进入 21 世纪后，随着各类新社会阶层的不断涌现，社会的异质性和多样性日益明显，对统一战线最广泛团结提出了新的、更高的要求。党需要不断扩大新形势下爱国统一战线的群众基础。这一时期，统一战线存在和发展的客观基础更加坚实，出现了空前广泛性、巨大包容性、鲜明多样性和显著社会性的特征。1999 年 9 月，江泽民提

---

[1]《江泽民文选》第 2 卷，人民出版社 2006 年版，第 412 页。

出，坚持和发展最广泛的爱国统一战线，是一项关系国家和社会主义事业兴旺发达的战略任务，是提高党的执政能力的一项重要任务。这就将统一战线工作提升到了战略高度，体现了党和国家领导人在新时期对统一战线工作的重视。2000年，江泽民在第十九次全国统战工作会议上进一步明确提出，统一战线的宗旨是"大团结大联合"，强调"实现最广泛的大团结大联合，是一个重大的政治问题"，"统一战线的本质就在于大团结大联合"，并以"三个绝不能""四个离不开"重申统一战线的重要性。党在这次会议上进一步明确了新时期统一战线的根本职能和任务就是争取人心、凝聚力量，为实现党和国家的宏伟目标而团结奋斗。

2002年，党的十六大在北京顺利召开，会议提出了全面建设小康社会的奋斗目标。自此，这一时期的统一战线为全面建设小康社会、构建社会主义和谐社会做出了重要贡献。以胡锦涛同志为总书记的党中央牢牢把握时代特征，提出了一系列新观点来丰富和发展原有的统一战线理论，推动统战工作的进一步发展。第一，明确了新时期统一战线的地位、作用、基本任务和重要原则。这一时期重新强调统一战线是我们党的重要法宝，在21世纪实现民族振兴和祖国统一事业中具有不可替代的重要作用。新时期统一战线的基本要求是高举爱国主义、社会主义的旗帜，团结一切可以团结的力量，调动一切积极因素，化消极因素为积极因素，为建设有中国特色社会主义的经济、政治、文化服务，为维护安定团结的政治局面服务，为实现祖国的完全统一服务，为维护世界和平与促进共同发展服务。基于这样的任务，统战工作要坚持党对统一战线的领导权，坚持为党和国家的中心任务服务，坚持大团结大联合的主题，坚持发扬社会主义民主，坚持求同存异、体谅包容，坚持运用"团结—批评—团结"的共识，坚持照顾同盟者利益。

第二，扩大了统一战线的工作对象。改革开放以来，我国的社会阶层发生了新的变化，出现了民营科技企业的创业人员和科技人员、受聘于外资企业的管理技术人员、个体户、私营企业主、中介组织的从业人员、自由职业人员等社会阶层，他们都是中国特色社会主义事业的建设者。2004 年 3 月通过的《中华人民共和国宪法修正案》将这些新的社会阶层以"社会主义事业的建设者"身份作为爱国统一战线的重要组成部分写进了宪法，是这一时期党的统一战线理论的重要创新，也进一步提升了最广大人民群众建设中国特色社会主义的积极性。因此，新世纪新阶段爱国统一战线是包括全体社会主义劳动者、社会主义事业的建设者、拥护社会主义的爱国者和拥护祖国统一的爱国者的最广泛的爱国统一战线，把新世纪新阶段统一战线的工作对象扩大为十五个方面，从政党关系、民族关系、宗教关系、阶层关系、海内外同胞关系五个方面深入阐述统战工作与思想，成为具有空前广泛性和巨大包容性的统一战线。

第三，完善了党领导下的统一战线的制度机制。这一时期为了适应新形势新任务的发展要求，党开始加强和改善对统一战线工作的坚强领导，建立健全统一战线工作体制机制，加强多党合作和政治协商制度建设。第十九次全国统战工作会议要求建立健全统一领导、相互协调的统一战线工作机制。中国坚持走中国特色社会主义政治发展道路，关键在于坚持和完善中国共产党领导的多党合作和政治协商制度。党中央和各级地方党委理论结合实际，制定出了贯彻落实的实施意见和配套措施，并出台多个文件，指导各民主党派组织发展，进一步推进政治协商和民主党派的参政议政、民主监督走向具体化、运行机制化和操作规范化，开创了各民主党派组织建设工作新局面。

第四节 中国特色社会主义新时代的
全方位布局与创新发展

党的十八大之后，中国共产党所处的历史方位、所面临的国内外形势和所肩负的使命任务发生重大变化。党的十九大指出，经过长期努力，中国特色社会主义发展进入新时代，这是对我国发展做出的新的历史方位的政治论断，赋予党的历史使命、理论遵循、目标任务以新的时代内涵。新时代的新形势和新使命对巩固和发展最广泛的爱国统一战线提出了更高的要求。基于此，以习近平同志为核心的党中央立足世情、国情和党情的变化，把统一战线摆在治国理政的重要位置，召开了系列会议，颁布了系列文件，提出系列新思想、新论断，科学回答了新时代需要不需要统一战线、需要什么样的统一战线、怎样巩固和发展统一战线等重大问题，极大地丰富和发展了党的统一战线的理论，为新时代做好统战工作提供了根本遵循。新时代爱国统一战线事业也进入新的发展阶段，成为"新时代最广泛的爱国统一战线"，并被赋予了新的历史内涵，统一战线工作迎来了创新发展的新阶段。

第一，明确党的领导是统一战线巩固和发展的根本保证。中国共产党是中国人民和中华民族的先锋队，党的领导是中国特色社会主义最本质的特征，是中国特色社会主义制度的最大优势，是中国特色社会主义事业从胜利走向胜利的根本保证。新形势下做好统战工作，最根本的是要坚持党的领导，把党的领导体现在统一战线工作各领域各方面。首先，要加强党对统一战线的政治领导，坚持正确方向和重大方针政策的引领。其次，要健全强有力的领导机制、运行机制，规范考核机制，整合有效资源，形成最大合力，为实现中华民族伟大复兴的目标而凝聚共识。再次，统一战线是由不同政党、派别、团体组成的政治统一联盟，要实现其巩固和发展，必须坚定不移地坚持中国共产党的领导，同时也必须尊重、维护、照顾同盟者的利益，这是党的职责，是实现党对统一战线领导的重要条件，也是保证统一战线稳固持久的有效条件。

第二，创新统一战线理论，赋予统一战线新内涵。统一战线是重要法宝，是早在新民主主义革命时期就已经达成的共识并一直沿用。党的十八大以来，以习近平同志为核心的党中央在延续党内传统共识的基础上，根据新时代党所肩负的实现社会主义现代化和中华民族伟大复兴的历史任务，赋予了统一战线"法宝"地位新时代的内涵。统一战线不仅是夺取革命、建设、改革事业胜利的重要法宝，而且是实现中华民族伟大复兴的中国梦的重要法宝。基于此，新时代的爱国统一战线有了"中华民族伟大复兴统一战线"的定位，因此将"致力于中华民族伟大复兴的爱国者"也纳入了联盟中。至此，新时代的爱国统一战线成为最广泛的爱国统一战线，它不仅包括全体社会主义劳动者、社会主义事业的建设者、拥护社会主义的爱国者、拥护祖国统一和致力于中华民族伟大复兴的爱国者，而且工作对象和范围也相应发生了变化：工作对象包括民主党派、无党派人士、党外知识分子等在内的十二类统一战线成员，其中重要的变化是把"私营企业、外资企业的管理人员和技术人员""中介组织从业人员""自由职业人员"和"新媒体从业人员"等统称为"新的社会阶层人士";任务范围涉及政党关系、民族关系、宗教关系、阶层关系、海内外同胞关系等在内的"五大关系"。

第三,健全和完善统一战线工作制度。为加强和规范新时代党的统一战线工作,巩固和发展最广泛的爱国统一战线,2015 年,《中国共产党统一战线工作条例(试行)》颁布施行,这标志着党的统一战线事业进入新的发展阶段。这一文件是中国共产党关于统一战线工作的第一部党内法规,是推进统战工作制度化、规范化、程序化建设的重要标志,也是创新发展新时代统一战线的重大理论政策。这一条例对新时代统一战线性质、地位、作用作了新概括,对其指导思想、主要任务、范围和对象等作了新完善,为巩固和拓展统一战线提供了强大的制度支撑。2020 年,中共中央根据新的形势、任务和要求,修订并印发了《中国共产党统一战线工作条例》(以下简称《条例》)。作为统一战线领域的基础主干党内法规,《条例》着力于提高统一战线科学化、规范化、制度化水平,是新时代统一战线工作的基本遵循。《条例》规定,做好统战工作,必须坚持党委统一领导、统战部牵头协调、有关方面各负其责的大统战工作格局。同时,党中央提出"新型政党制度"这一概念,拓展新时代参政党的性质和职能,建立双周协商座谈会制度,创新人民政协协商民主形式,以规范和健全社会主义协商民主制度。

第四,铸牢中华民族共同体意识,坚持宗教中国化方向。党的民族工作紧紧围绕"共同团结奋斗、共同繁荣发展"主题,紧扣铸牢中华民族共同体意识这条主线,不断满足各族群众的美好生活需要。进入新时代以来,党中央强调铸牢中华民族共同体意识,让"三个离不开""五个认同"思想更加深入人心，推动了民族团结。坚持和完善民族区域自治制度，为维护民族团结提供了根本的制度保障。同时，明确新时代宗教工作的发展方向为坚持宗教中国化，提出系列宗教工作新思想、新观点、新要求，颁布实施诸多配套部门规章，提高宗教工作法治化水平，巩固和发展党同宗教界的爱国统一战线，最大限度地把广大信教和不信教群众团结起来。

第五，做好统战工作，团结和凝聚好其他爱国统一战线力量。全面贯彻信任、团结、服务、引导、教育的方针，构建"亲""清"新型政商关系，促进非公有制经济健康发展和非公有制经济主体健康成长。坚持"两个毫不动摇"，把团结好、引导好民营经济主体作为一项重要任务。坚定不移贯彻"一国两制"的方针和基本法，坚定不移维护港澳地区的长期繁荣发展。号召香港特别行政区同胞、澳门特别行政区同胞，要以国家和香港、澳门整体利益为重，共同维护和促进香港、澳门长期繁荣稳定。此外积极宣传"两岸一家亲"等概念，支持、维护、推动两岸关系和平发展，增进两岸同胞福祉，共同开创中华民族新前程，同心实现中华民族伟大复兴。加强海外统一战线工作和侨务工作，海外侨胞是建设中国特色社会主义的宝贵资源，是连接中国梦和世界梦的重要桥梁和纽带，必须紧密团结海内外中华儿女，为实现中华民族伟大复兴的中国梦凝聚起强大力量。

第三章

统一战线工作取得的主要成就

　　中国共产党成立百年来，在领导中国革命、建设和改革的实践过程中，不仅继承了马克思主义统一战线的基本理论，而且对统一战线建设进行了成功探索，创造性地发展了马克思主义统一战线理论，为党和国家事业发展凝聚了人心、汇聚了力量。与此同时，党的统一战线工作在百年的历史发展进程中，也不断得到完善和发展，取得了历史性成就。在此过程中，党的统一战线理论和政策日益完善，统一战线工作范围和对象不断拓展，统一战线凝聚力和向心力显著增强，统一战线部门职责更加明晰。

第一节　统一战线理论和政策日益完善

中国共产党对统一战线问题的认识是在马克思主义中国化的过程中逐步得到深化的。成立初期，中国共产党在思想上对统一战线问题还存在模糊认识。在共产国际的帮助下，中国共产党逐步认识到建立统一战线的必要性和重要性。百年来，中国共产党与时俱进地将马克思主义关于统一战线的原理与中国具体实践相结合，经过几代中国共产党人的努力，不断深化对统一战线理论、实践及发展规律的认识，创造性地提出了一系列具有中国特色的统一战线理论、方针和政策。在统一战线理论的指导下，中国共产党领导的统一战线，始终与中国国情紧密相连并不断丰富发展，着眼于中国社会变化而不断发展，同时围绕一个中心和两个服务大局不断巩固壮大。

一、　统一战线理论得到新的发展

恩格斯指出，任何的观念、思想都是一定社会历史条件下的产物。统一战线理论也是一定社会历史条件下的产物。中国共产党领导中国人民在不同历史时期的任务和奋斗目标是不断变化的，统一战线的性质、地位、任务和内涵也随着这一变化而发生变化。对于统一战线的地位和作用，早在革命时期，毛泽东就将它总结为是克敌制胜的三个主要法宝之一，这是毛泽东把马克思主义关于统一战线的基本思想运用到中国革命的具体历史条件和具体实践的创造，推动了中国革命的向前发展，逐步形成了一套具有中国特色的统一战线理论。改革开放以后，党把工作重心转移到经济建设上来，党的总任务就发生了根本性的变化。邓小平及时把握时代的脉搏，重新审视统一战线的性质，指出"它已经发展成为全体社会主义劳动者、拥护社会主义的爱国者和拥护祖国统一的爱国者的最广泛的联盟"①。这一新认识把中国共产党领导的统一战线从工人阶级、农民阶级、小资产阶级和民族资产阶级构成的阶级联盟，发展成为由全体社会主义劳动者、拥护社会主义的爱国者和拥护祖国统一的爱国者组成的政治联盟。从此，中国共产党领导的统一战线，由人民民主统一战线转变为最广泛的爱国统一战线。统一战线的性质实现了质的飞跃，统一战线工作也开启了新的征程。此后，历届党的领导集体都遵循这一基本定位，不断发展壮大新时期爱国统一战线。党的十八大以来，党继续高举中国特色社会主义伟大旗帜，提出以实现社会主义现代化和中华民族伟大复兴作为奋斗目标。中国进入全新的发展历程，党的总任务、总战略发生变化，统一战线的内涵和外延也要相应地发生变化。基于此，党对新时期新阶段统一战线工作进行了全面的部署和指导，虽然广泛的爱国统一战线这一基本性质没有变，但将"致力于中华民族伟大复兴"纳入其中，因此其性质已完善为"全体社会主义劳动者、社会主义事业的建设者、拥护社会主义的爱国者、拥护祖国统一和致力于中华民族伟大复兴的爱国者的联盟"。至此，统一战线的共同政治基础扩大了，联盟的范围也有了更广阔的覆盖面，进而有关统一战线性质的理论更

①《邓小平文选》第 2 卷，人民出版社 1994 年版，第 203 页。

完善了。

不仅如此，统一战线的地位也得到了提升。党中央历代领导集体和中央文件多次指出，统一战线是我们党夺取革命、建设和改革事业胜利的重要法宝。新的形势下，以习近平同志为核心的党中央继承党的传统，着眼于时代主题，对新形势下统一战线的地位做出了新的论述。习近平总书记指出，人心向背、力量对比是决定党和人民事业成败的关键，是最大的政治。统战工作的本质是大团结大联合，解决的就是人心和力量问题，这是我们党治国理政必须花大心思、下大气力解决好的重大战略问题。基于此，习近平总书记在继承和发展党关于统一战线法宝地位和作用的重要思想基础之上进一步强调，统一战线是中国共产党凝聚人心、汇聚力量的政治优势和战略方针，"是夺取革命、建设、改革事业胜利的重要法宝，是增强党的阶级基础、扩大党的群众基础、巩固党的执政地位的重要法宝，是全面建成小康社会、加快推进社会主义现代化、实现中华民族伟大复兴中国梦的重要法宝"[①]。这一表述从党的发展历程、党的执政地位、党肩负的历史使命角度重申了统一战线的法宝地位，把统一战线与实现中华民族伟大复兴的中国梦联系起来，赋予了这一法宝新的时代内涵，在新的历史条件下提升了爱国统一战线的地位和作用。把统一战线当作法宝，在毛泽东领导的新民主主义革命时期党内就达成了共识，并成为党的政治建设的重要内容。回顾中国共产党的百年历史可以发现，党取得的历史成就总是与统一战线的巩固、壮大紧密地联系在一起的。抗日战争时期，中国共产党获得政治认同的一个重要原因是其倡导、建立了

---

① 《中国共产党统一战线工作条例》，人民出版社2021年版，第4页。

抗日民族统一战线，并且在危难时期坚持和维护了全民族抗战的大局。进入改革开放新时期，邓小平重申统一战线的法宝地位，通过不断发展壮大爱国统一战线走出了"文革"造成的困局，开创了建设社会主义现代化的新局面。党十八大以来，以习近平同志为核心的党中央继承了这一传统，把新时期统一战线确立为实现中华民族伟大复兴中国梦的法宝，不仅从根本上确立了统一战线不可替代的战略地位，标志着我们党对统一战线地位和作用的认识提高到新的境界，而且也表现出中国共产党对最广大中国人民和中华儿女的承诺和担当。

同时，在党的统一战线的性质和地位发生变化的基础上，统一战线的任务也得到了扩展。统一战线"在中国共产党领导下，以马克思列宁主义、毛泽东思想、邓小平理论、'三个代表'重要思想、科学发展观、习近平新时代中国特色社会主义思想为指导，坚定不移走中国特色社会主义道路，增强'四个意识'、坚定'四个自信'、做到'两个维护'，深入学习贯彻习近平总书记关于加强和改进统一战线工作的重要思想，围绕统筹推进'五位一体'总体布局、协调推进'四个全面'战略布局，积极促进政党关系、民族关系、宗教关系、阶层关系、海内外同胞关系和谐，巩固和发展最广泛的爱国统一战线，为全面建设社会主义现代化国家、实现中华民族伟大复兴服务，为坚持和完善中国特色社会主义制度、推进国家治理体系和治理能力现代化服务，为维护社会和谐稳定、维护国家主权安全发展利益服务，为保持香港澳门长期繁荣稳定、实现祖国完全统一服务"①。这不仅体现了我们党在统一战线工作中指导思想的与时俱进，而且以"四

---

① 《中国共产党统一战线工作条例》，《人民日报》2021 年 1 月 6 日。

个服务"进一步明确了在统筹推进"五位一体"总体布局、协调推进"四个全面"战略布局中统一战线工作的任务要求和着力重点，为统战工作围绕中心、服务大局指明了方向。

二、　统一战线各领域政策发生新的变化

进入新时代，中国共产党从大团结人联合出发，立足于凝心聚力，着眼于正确把握和妥善处理涉及党和国家工作全局的政党关系、民族关系、宗教关系、阶层关系和海内外同胞关系等五大关系，与时俱进，开拓创新，进一步明确了各领域统战工作的基本要求和方针政策，同时对一些领域的方针政策做出了新的理论阐释。统一战线在民主党派和无党派人士工作方面，强调要坚持和完善中国共产党领导的多党合作和政治协商制度，建设社会主义协商民主。习近平总书记强调中国共产党领导的多党合作和政治协商制度，反映了人民当家作主的社会主义民主政治的本质，是我国政治格局稳定的重要制度保证。为此，全党一定要从战略高度认识问题，更好地体现这项制度的效能，发挥好民主党派和无党派人士的积极作用。例如近年来，各民主党派主动担当作为，通过优化扶贫工作模式提升脱贫质量、巩固脱贫成果，为打赢脱贫攻坚战贡献了自己的力量。民盟中央关注农村教育事业发展，在定点扶贫的河北省广宗县实施"双师课堂"项目，利用互联网直播技术，将优质教育资源输送到该县的中小学校。民盟中央每年组织北京、青岛、唐山等地盟员特级教师赴广宗县开展教师培训。此外，民盟中央还协调盟员企业家向广宗县农村学校捐赠电脑、图书、音体器材、净水设备等物资。民革中央协调引进的新纪元教育

集团资助纳雍县贫困家庭学生赴四川省广元外国语学校免费就读高中等。

在民族工作方面，强调要坚持和完善民族区域自治制度，铸牢中华民族共同体意识。进入新时代，我们党对于处理民族关系、做好民族工作在理论和政策方面有了进一步的丰富和发展，强调要做好新形势下的民族工作，必须坚定不移走中国特色解决民族问题的正确道路，始终做到"八个坚持"，即坚持中国共产党的领导，坚持中国特色社会主义道路，坚持维护祖国统一，坚持各民族一律平等，坚持和完善民族区域自治制度，坚持各民族共同团结奋斗、共同繁荣发展，坚持打牢中华民族共同体的思想基础，坚持依法治国。

在非公有制经济领域统一战线工作方面，强调要着眼于促进"两个健康"，引导非公有制经济人士做中国特色社会主义事业的合格建设者。习近平总书记强调，促进非公有制经济健康发展和非公有制经济人士健康成长是重大的经济问题，也是重大的政治问题。中央把促进"两个健康"作为新形势下统战工作的一项重大课题，坚持团结、服务、引导、教育的方针，一手抓鼓励支持，一手抓引导教育；完善了对非公有制经济人士的基本要求，增加了"创新"内容，明确为"爱国、敬业、创新、守法、诚信、贡献"，充分体现了中央对非公有制经济人士创造性劳动的尊重和鼓励，有利于引导非公有制经济人士培育和弘扬企业家精神，更加自觉地依靠创新驱动企业发展。习近平总书记强调，要形成健康的政商关系、党政领导干部和非公有制经济人士的关系，不能搞成封建官僚和"红顶商人"之间的那种关系，也不能搞成西方国家大财团和政界之间的那种关系，更不能搞成吃吃喝喝、酒肉朋友的那种关系。早在1979年1月17日，全国政协主席邓小平邀请五位原工商业知名人士胡子昂、胡厥文、荣毅仁、古耕虞、周叔弢在人民大会堂福建厅座谈，中午还邀请他们一起吃火锅。饭桌上，邓小平提出要吸引外资，希望原工商业者利用落实政策后的资金办私人企业。他说："过去耽误时间太久了，不搞快点不行。""钱要用起来，人要用起来。"邓小平一席话，如同火锅宴上的炉火，点燃了五老的报国雄心。"五老火锅宴"拉开了中国民营经济的大幕，不仅温暖了原工商业者的心，也为发展社会主义市场经济带来了曙光。党的十一届三中全会以后，中共中央和国务院提出了发展个体工商业、允许多种经济形式并存的方针，我国民营经济也如雨后春笋般成长起来。进入新世纪，天津市工商联坚持抓组织、促合作，创立"商界 70 后沙龙""雅爱社"和"CEO 工作委员会"，创办"民营经济发展·天津论坛"，大力发展会员队伍，提升服务能力，成为非公有制经济代表人士直抒胸臆的朋友和可依靠的肩膀。

在港澳台和海外统一战线工作方面，强调要最广泛地团结港澳台同胞、华人、华侨、归侨、侨眷共同致力于中华民族伟大复兴。港澳工作的基本任务，就是要全面准确贯彻"一国两制"、"港人治港"、"澳人治澳"、高度自治的方针，严格依照宪法和基本法办事，支持特别行政区行政长官和政府依法施政，发展壮大爱国爱港、爱国爱澳力量，增强香港同胞、澳门同胞的国家观念和中华民族意识，保持香港、澳门长期繁荣稳定。关于对台工作，习近平总书记多次发表重要讲话并指出，两岸关系发展、台湾同胞前途系于中华民族伟大复兴。两岸关系形势越是复杂严峻，国共两党越是要为民谋利，准确把握两岸社情民意脉动，开好解决两岸同胞尤其是基层民众需求的方子，创新方式，深入基层，带动更多民众参与到两岸交流中来。两岸同胞都是民族复兴的参与者、推动者、获益者。只要国共两党胸怀民族复兴理想，广泛团结两岸同胞，就一定能维护两岸关系和平发展和台海和平稳定，开创中华民族伟大复兴更加光明的前景。

第二节　统一战线对象和工作范围不断拓展

　　无产阶级解放全人类、实现共产主义，离不开广泛的同盟者。列宁认为，无产阶级革命需要"利用一切机会，哪怕是极小的机会，来获得大量的同盟者"①。早在革命年代，毛泽东就曾指出："中国新民主主义的革命要胜利，没有一个包括全民族绝大多数人口的最广泛的统一战线，是不可能的。"② 改革开放之后，邓小平也指出："把一切能够联合的都联合起来，范围以宽为宜，宽有利，不是窄有利。"③ 进入新时代，习近平总书记明确指出："人心向背、力量对比是决定党和人民事业成败的关键，是最大的政治。统战工作的本质要求，是大团结大联合，解决的就是人心和力量问题。这是我们党治国理政必须花大心思、下大力气解决好的重大战略问题。"④ 中国共产党带领中国人民在百年的奋斗实践过程中，团结一切可以团结的力量，为夺取胜利提供了重要保障。百年来，随着党和中国特色社会主义事业的不断

---

　　①《列宁全集》第 39 卷，人民出版社 2017 年版，第 50 页。

　　②《毛泽东选集》第 4 卷，人民出版社 1991 年版，第 1257 页。

　　③ 中共中央统一战线工作部、中共中央文献研究室：《邓小平论统一战线》，中央文献出版社 1991 年版，第 158—159 页。

　　④ 中共中央文献研究室：《十八大以来重要文献选编》（中），中央文献出版社 2016 年版，第 556 页。

发展，新的社会阶层和利益群体不断涌现，统一战线的对象变得丰富起来，不断涌现的新群体的加入也使统一战线的工作范围不断调整扩大，从而使得越来越多的同盟者团结在党的周围，形成同心圆，统一战线的团结、奋进、开拓和活跃的良好局面也进一步得到巩固和发展。

一、 统战工作范畴和对象的新变化

纵观统一战线的发展可以发现，不同历史时期统一战线所联合的对象是有区别的。在革命和建设时期，统一战线的工作范围和对象以工人阶级、农民阶级、小资产阶级和民族资产阶级四个阶级为主体。近代以来，中国成为半殖民地半封建社会，帝国主义、封建主义和官僚资本主义是革命的三个重要对象，而近代中国社会的阶级力量为"两头小中间大"，中间势力占主体，无产阶级要想领导民众完成反帝反封建的历史任务，实现民族的独立和人民的解放，就必须与农民阶级、城市小资产阶级、民族资产阶级结成政治联盟。而结成政治联盟的前提是认同阶级差异，维护不同阶级的利益，并带领他们实现各自的阶级目标。毛泽东的新民主主义理论系统地解决了这一问题，使四个革命阶级联合组成统一战线，共同完成了反对帝国主义、封建主义、官僚资本主义的新民主主义革命。所以，在革命和建设时期，统一战线的对象在不断变化，这种变化是由党在不同历史时期面临的不同历史任务决定的。抗日战争时期形成的抗日民族统一战线的对象扩展到工人阶级、农民阶级、城市小资产阶级、民族资产阶级、中小地主和亲英美派大资产阶级。解放战争及社会主义革命和建设时期的人民民主统一战线对象也随着革命和建设的发展而有所变化。因此，改革开放前的统一战线可概括为党领导下的以工农联盟为基础的不同阶级的革命联合。

自改革开放后，社会主义基本制度与市场经济有机结合，公有制、非公有制、混合所有制经济共同发展，中国的社会结构和利益格局发生了重大变化。一方面，越来越多的人主动地或被迫地脱离了国家体制，从原来的"单位人"变成了"社会人"；另一方面，新经济时代催生了大量新的生产经营形式和新的经济、社会组织，涌现出大量的新社会阶层和利益群体。可以说，正是多种所有制形式共同发展、各类新经济组织纷纷涌现，才创造了新时期以来中国经济的持续辉煌。那么，如何将人民群众中产生出来的一批新的利益群众和代表人士凝聚起来？这对统一战线工作提出了新要求。这一时期统一战线的对象不再是所谓的非劳动者了，而是广大社会主义劳动者。中国共产党作为执政党必须能够团结和联合不同阶层、不同利益需求的社会主义劳动者，才能为中国特色社会主义事业凝聚力量。正是从国家安定团结和实现社会主义现代化的大局出发，邓小平强调统一战线的本质是大团结大联合，统一战线的对象越宽广越好。他说："新时期统一战线，可以称为社会主义劳动者和爱国者的联盟。爱国者的范围是很宽广的，包括蒋经国在内，只要台湾归回祖国，他就做了爱国的事。"[1] 这就把大陆以外的统战对象扩大到港澳台及海外一切热爱祖国、反对"台独"的中华儿女，使统一战线的联系对象不仅超越了阶级，也超越了意识形态，所以党外人士尤其是港澳台及海外人士

---

[1] 中共中央统一战线工作部、中共中央文献研究室：《邓小平论统一战线》，中央文献出版社 1991 年版，第 158 页。

也成为统一战线的工作对象。面对新的统战形势和任务，第十五次全国统战工作会议从十个方面确定了改革开放后统一战线的工作范围和对象，即民主党派、无党派人士、党外知识分子、原工商业者、少数民族人士、宗教界人士、起义和投诚的原国民党军政人员、去台湾人员留在大陆的亲属、台湾同胞和港澳同胞、归国侨胞和海外侨胞。

进入 21 世纪，统一战线的广泛性和多样性日益增加，第二十次全国统战工作会议将非公有制经济人士、私营企业和外资企业管理技术人员、中介组织从业人员、自由职业人员、出国和归国留学人员纳入统一战线的工作范围和对象。

党的十八大以来，随着经济社会结构的深刻变动，律师、会计师、税务师等新经济组织与新社会组织中的知识分子群体快速成长，网络"经营者"、网络"发声者"等网络人士持续增多，出国留学人员规模不断扩大，这在客观上要求党要与时俱进地调整和扩大团结联合对象的范围。这一时期，爱国统一战线的范畴从空间上看，由祖国大陆扩展到港澳台和海外，囊括了一切拥护祖国统一的中华儿女；从内涵上看，由阶级联盟变为不同阶层和利益群体的政治联盟。统一战线的工作对象也由关注中间阶级变为关注党派、民族、宗教、阶层和港澳台及海外同胞问题，而且随着"致力于中华民族伟大复兴爱国者"被纳入统一战线性质的表述中，统一战线的内涵和范围都相应地发生了变化。由此，统一战线的覆盖范围更广了，即一切有益于促进中华民族伟大复兴的人士、团体和社会组织，甚至非华人血统的海外力量都可以被纳入统战的视野。2020 年修订的《中国共产党统一战线工作条例》将统一战线工作范围和对象重新划分为十二个方面，即民主党派成员、无党派人士、党外知识分子、少数民族人士、宗教界人士、非公有制经济人士、新的社会阶层人士、出国和归国留学人员、香港和澳门同胞、台湾同胞及其在大陆的亲属、华侨归侨及侨眷、其他需要联系和团结的人员。新划分的统战范围和对象不仅将原私营企业和外资企业管理技术人员、中介组织从业人员、自由职业人员以及新涌现群体统称为"新的社会阶层人士"，而且将原工商业者和国民党军政人员纳入"其他需要联系和团结的人员"。可见，统一战线的统战工作对象和范围也逐渐扩大了，而这一重要变化，既表达了党和国家对新社会阶层不断涌现的同类社会组织及其从业者都给予社会肯定和政治认同，也适应了经济新常态下大众创业、万众创新的需要，为一切能够促进中华民族伟大复兴的社会力量和人士预留了汇入统一战线的空间和渠道。

二、 统战工作重点对象的新调整

2020 年修订的《中国共产党统一战线工作条例》（以下简称《条例》）不仅对统一战线的工作范围和对象作了重新划分，而且对重点工作的对象也进行了论述和调整。《条例》明确统一战线工作对象是党外人士，重点是其中的代表人士。中国共产党历来重视与党外有社会影响人士的联系与沟通，因而创立了政治协商这一有效的民主形式。2012 年 2 月，中共中央印发了《关于加强新形势下党外代表人士队伍建设的意见》，对新形势下建设好党外代表人士队伍提出了要求。党的十八大报告再次重申，加强党外代表人士队伍建设，选拔和推荐更多优秀党外代表人士担任各级国家机关领导职务。在此基础上，

《条例》设专章论述党外代表人士队伍建设，以党内法规的形式，科学界定党外代表人士，阐明了如何发现、培养和任用党外代表人士等核心问题。为了落实党的十八大的目标和要求，《条例》逐条明确了党外代表人士在人大、政府、政协、法院、检察院、高校等任职的要求，包括任职的岗位和比例。可见，加强党外代表人士队伍建设已不是一句口号，而是一项具体的、可量化的、需要各级党委切实落实的政治任务。一般说来，党外代表人士是指政治坚定、业绩突出、群众认同且与中国共产党团结合作、有较大贡献和社会影响的非中共人士。但是，这些人士并不是固定不变的，而是随着时代和社会结构的变迁不断调整变化的。

新社会组织和经济组织中的知识分子是中国特色社会主义经济发展的中坚力量，他们大多处于体制之外。这些新的社会阶层人士是新时代统一战线成员的重要来源，也是新时代统战工作的重要创新点。新的社会阶层人士自主性强、流动性大、思想活跃、意识超前，与党组织和国家体制极少联系，传统的统战工作很难涉及这个群体。基于此，如何根据新的社会阶层人士的特点探索建立枢纽型的社会组织，并且把政府的政治资源与市场资源、社会资源进行有机对接，如何推动新的社会阶层人士的全面发展等，都是在理论与实践两个方面需要解决的问题。因此，构建新的社会阶层人士统战工作新模式，是新时代统战工作创新发展的重要课题。所以，习近平总书记明确要求改进工作，学会同新社会阶层打交道的方法和做思想工作的本领，引导他们发挥积极作用。

伴随着改革开放和全球化，特别是互联互通的信息革命，中国社会涌现出一批新生力量，主要是新社会组织和经济组织中的知识分子、留学归国人员和新媒体从业人员。他们当中的代表人士要成为当前统战工作的重点对象。因而，习近平总书记在中央统战工作会议的讲话中，特意强调要格外重视这三个统战重点对象。留学归国人员是近年来越来越不可小觑的新生的社会阶层力量。中国经济快速发展，国际影响力逐年提升，吸引了大量留学生选择回国就业。习近平要求把留学归国人员作为统战工作的新着力点，指出："要坚持支持留学、鼓励回国、来去自由、发挥作用的方针，鼓励留学人员回国工作或以多种形式为国服务。"① 这个群体由于长期生活在国外，有自身特殊的生活习惯和认识问题的方式，必须在尊重其特点的基础上积极引导，才能发挥其具有国际视野、掌握先进科学技术等优长，使他们在实现中国梦的伟大征程中发挥作用。新媒体从业人员也是异军突起的新生代力量，新时代统战工作也必须要高度重视新媒体中代表人士的工作，才能够建立起同他们的联系，使他们成为网络空间的正能量。习近平总书记说："互联网领域的人才，不少是怪才、奇才，他们往往不走一般套路，有很多奇思妙想。对待特殊人才要有特殊政策，不要求全责备，不要论资排辈，不要都用一把尺子衡量。"② 要聚天下英才而用之，首先要有能够容纳英才的胸怀和视野，当然也要有与之交流和切磋的新方法。习近平总书记要求党的各级领导干部要学会通过网络走群众路线，了解民情民意，进而发现和关注其中的代表人士，做好统战工作重点对象的工作。实现中华民族伟大复兴需要凝聚共识、汇聚力量，尤其需要汇聚那些代表未来发展方向和先进生产力的新生

---

① 习近平：《巩固发展最广泛的爱国统一战线　为实现中国梦提供广泛力量支持》，《人民日报》2015 年 5 月 21 日。

② 习近平：《在网络安全和信息化工作座谈会上的讲话》，《人民日报》2016 年 4 月 26 日。

代力量。统一战线范围和对象的新调整，正是体现了党中央对时代变迁和社会发展的正确把握。

第三节 统一战线凝聚力和向心力显著增强

习近平总书记指出："统一战线是做人的工作，搞统一战线是为了壮大共同奋斗的力量。"[1] 统一战线承担着为党和国家事业发展凝聚人心、汇聚力量的重要使命，而要想发挥统一战线汇聚社会力量的作用，必须在坚持一致性的基础上，最大限度地保护多样性的存在并促进其健康发展。习近平总书记明确指出："做好新形势下统战工作，必须正确处理一致性和多样性关系，不断巩固共同思想政治基础，同时要充分发扬民主、尊重包容差异，尽可能通过耐心细致的工作找到最大公约数。"[2] 百年来，中国共产党把实现民族复兴作为最大公约数，不断促进政党关系、民族关系、宗教关系、阶层关系、海内外同胞关系和谐，统一战线的凝聚力、向心力、战斗力显著增强，为争取民族独立和人民解放、实现国家富强和人民幸福汇集起强大力量。

---

① 中共中央文献研究室：《十八大以来重要文献选编》（中），中央文献出版社 2016 年版，第 562 页。
② 习近平：《巩固发展最广泛的爱国统一战线 为实现中国梦提供广泛力量支持》，《人民日报》2015 年 5 月 21 日。

一、 多党合作事业更加兴旺

马克思主义经典作家曾阐述过无产阶级政党和其他党派合作的理论与策略问题："无产阶级决不应该把其他阶级和政党看作'反动的一帮'，恰恰相反，它应该参加整个政治生活和社会生活。"① 为了使各民主党派适应形势发展、提高自身能力，更好地参政议政、合作共事，中国共产党坚持和完善多党合作和政治协商制度，引导各民主党派和民主人士认真履行参政议政、民主监督职能，支持民主党派和民主人士参与中国特色社会主义伟大实践，鼓励民主党派和民主人士围绕国家大政方针实施和经济社会发展深入调查研究、积极建言献策，多党合作事业呈现出蓬勃兴旺、健康发展的新局面。尤其是进入新时代，以习近平同志为核心的党中央提出"新型政党制度"概念，拓展了新时代参政党的性质和职能，创新了人民政协协商民主形式。

一方面，拓展了新时代参政党的性质和职能。2013 年，习近平总书记将民主党派定位为"中国特色社会主义参政党"。各民主党派必须明确其在中国特色社会主义这一共同事业目标基础上的参政党定位，并接受中国共产党领导，与共产党通力合作。在我国，民主党派凭借自身的进步性和广泛性对中国共产党发挥着一定的监督作用。此外，把民主党派置于中国特色社会主义参政党地位，可以使其自身建设理论与中国共产党自身建设理论的联系能够更加紧密。民主党派可以在民主集中制的根本原则指导下完善其自身的组织结构、组织制

①《列宁选集》第 1 卷，人民出版社 1995 年版，第 268 页。

度、权力结构以及指导思想，逐步完善其自身的体制特征和民主监督的政治功能。另一方面，推进社会主义协商民主发展。党的十八大以来，以习近平同志为核心的党中央全面规范社会主义协商民主的性质地位、渠道程序、优势作用和目标任务等，为进一步凝聚共识、做好协商民主工作提供了重要的理论和现实指导。党的十八大报告就首次从制度层面阐述协商民主，认为社会主义协商民主是我国人民民主的重要形式，要完善协商民主制度和工作机制，推进协商民主广泛、多层、制度化的发展。党的十八届三中全会通过的《中共中央关于全面深化改革若干重大问题的决定》，则突出强调了发挥统一战线在协商民主中的重要渠道作用。2015 年党中央颁布的《关于加强社会主义协商民主建设的意见》和《关于加强人民政协协商民主建设的实施意见》更是明确了社会主义协商民主的本质属性和基本内涵，对加强和改善人民政协协商和政党协商做出了明确的规定、提出了具体的要求。可以说，统一战线被赋予了社会主义协商民主新的价值意蕴，即通过制度化的民主和协商形式，广泛达成决策和工作的最大共识，广泛凝聚全社会推进改革发展的智慧和力量。

二、 中华民族共同体思想基础更加牢固

习近平总书记指出："处理好民族问题、做好民族工作，是关系祖国统一和边疆巩固的大事，是关系民族团结和社会稳定的大事，是关系国家长治久安和中华民族繁荣昌盛的大事。"[1] 一直以来，中国共

---

[1]《中央民族工作会议暨国务院第六次全国民族团结进步表彰大会在北京举行》，《人民日报》2014 年 9 月 30 日。

产党带领全国各族人民在坚持和完善民族区域自治制度的基础上，从精神和物质两方面解决好民族问题，实现了民族团结和共同繁荣，增进了各族人民对中国共产党、对社会主义祖国、对中国特色社会主义道路的认同，使"中华一家亲、共筑中国梦"理念深入人心，中华民族共同体思想基础进一步铸牢。尤其是党的十八大以来，以习近平同志为核心的党中央准确把握新时代民族工作阶段性特征，先后颁布《关于加强和改进新形势下民族工作的意见》《关于全面深入持久开展民族团结进步创建工作　铸牢中华民族共同体意识的意见》等系列文件，为做好民族工作、铸牢中华民族共同体思想提供思路。党的二十大报告也指出："以铸牢中华民族共同体意识为主线，坚定不移走中国特色解决民族问题的正确道路，坚持和完善民族区域自治制度，加强和改进党的民族工作，全面推进民族团结进步事业。"①

一方面，在物质方面制定特殊的民族发展政策，促进各民族地区经济的繁荣发展。全面建成小康社会是党奋斗的第一个百年目标，而全面建成小康社会，一个民族都不能少。实现少数民族和民族地区群众脱贫，是全面建成小康社会的难点和重点，因为少数民族聚居地大多处于我国自然条件恶劣、经济欠发达地区。针对于此，党中央制定了深度贫困地区相关倾斜的政策，提出了对少数民族要建立精准扶贫机制，用对口支援的项目和资金，着力为其提供基本公共服务，改善深度贫困地区发展条件，解决相关民生问题。加快少数民族和民族地区经济社会发展，实现脱贫致富，有利于增进各民族对党和国家的认同感，有利于增强各族人民共同团结奋斗的凝聚力。同时，注意到流

---

① 习近平：《高举中国特色社会主义伟大旗帜为全面建设社会主义现代化国家而团结奋斗——在中国共产党第二十次全国代表大会上的报告》北京：人民出版社 2022 年版，第 39 页。

入城市的少数民族人口数量呈上升趋势，党中央首次提出将推动建立"民族互嵌型社区"作为促进各民族交往交流交融、消除族际偏见与民族隔阂的重要手段和基本途径。

另一方面，在精神方面开展民族团结进步创建活动，铸牢中华民族共同体意识。解决好民族问题，不仅要解决好物质问题，而且要解决好精神方面的问题，构筑各民族共同精神家园，夯实各族人民团结奋斗的共同思想基础。习近平总书记在 2014 年中央民族工作会议暨国务院第六次全国民族团结进步表彰大会上要求："加强中华民族大团结，长远和根本的是增强文化认同，建设各民族共有精神家园，积极培养中华民族共同体意识。"① 而民族团结进步创建活动，是培育和铸牢中华民族共同体意识的重要途径。对此，党中央颁布了《关于全面深入持久开展民族团结进步创建工作　铸牢中华民族共同体意识的意见》，为民族团结进步创建工作提供了遵循。

三、 宗教与社会主义社会更加适应

众所周知，宗教是人类社会发展到一定历史阶段出现的一种文化现象，它有发生、发展和消亡的过程。宗教信仰、宗教感情以及同这种信仰和感情相适应的宗教仪式和宗教组织，都是社会的历史的产物。历史表明，宗教会长期存在，并随着社会的发展而不断改变其内容和形式。习近平总书记指出，宗教问题的本质是群众问题。因为宗教的社会作用和社会影响主要通过信教群众产生，影响

---

① 《中央民族工作会议暨国务院第六次全国民族团结进步表彰大会在北京举行》，《人民日报》2014 年 9 月 30 日。

着大量群众，是属于"人民内部的思想问题"和"精神世界的问题"。对此，中国共产党始终坚持马克思主义的立场、观点、方法，将马克思主义基本原理同中国实际相结合，正确认识和妥善处理改革实践中的宗教问题，不断充实宗教的时代内涵，不断提高宗教工作法治化水平，使宗教在促进经济社会发展中的积极作用更加彰显、与社会主义社会更相适应。

一方面，要坚持宗教独立自主自办原则和中国化宗教理论。正确认识和处理好宗教关系，是党和国家工作的重要方面。那么，如何对待宗教呢？1982 年具有划时代意义的《关于我国社会主义时期宗教问题的基本观点和基本政策》出台，标志着中国特色社会主义在宗教领域的重大突破。在实际工作中，中国共产党逐步形成了"全面贯彻党的宗教信仰自由政策""依法管理宗教事务""坚持独立自主自办原则""积极引导宗教与社会主义社会相适应"等宗教工作基本方针政策，这是马克思主义宗教观与中国具体实际相结合的成果。党的二十大报告中也指出："坚持我国宗教中国化方向，积极引导宗教与社会主义社会相适应。"① 中国特色社会主义宗教理论，是中国化的马克思主义，它以马克思主义的立场、观点和方法为指导认识宗教现象、处理宗教问题，是马克思主义关于宗教和宗教问题的基本理论。因此，要坚持和发展中国特色社会主义宗教理论，坚持我国宗教中国化方向，积极引导宗教与社会主义相适应。

另一方面，不断提高宗教工作法治化水平。提高宗教工作法治化水平，是正确处理宗教领域各种复杂矛盾问题的根本途径。对此，我

---

① 习近平：《高举中国特色社会主义伟大旗帜为全面建设社会主义现代化国家而团结奋斗——在中国共产党第二十次全国代表大会上的报告》北京：人民出版社 2022 年版，第 39 页。

国修订了《宗教事务条例》这一宗教事务管理的综合性行政法规。在基本法规制度基础上，国家宗教事务局先后制定多部规章，各地政府也制定和修订了宗教事务方面的地方性法规和规章，逐步形成了《宗教事务条例》统括全局、地方性法规规章细化落实的格局，为规范和管理宗教事务提供了更加有效的法治保障。这些制度不仅明确了宗教活动场所法人资格和宗教财产权属，规范了宗教界财务管理和互联网宗教信息服务，而且形成了宗教团体和宗教活动场所管理制度、宗教教职人员认定备案制度、宗教财产管理制度、宗教出版物制度、大型宗教活动以及宗教涉外制度等较为系统的宗教法律制度，丰富和充实了依法管理宗教事务的法律体系。

四、 社会各阶层创造力和发展活力更加迸发

新的社会阶层人士是改革开放以来，伴随着市场经济发展而逐步成长起来的一些新的社会群体的统称，主要由非公有制经济人士和自由择业的知识分子组成，集中分布在新经济组织、新社会组织中。新的社会阶层人士普遍头脑灵活、思维开放、价值观多元，又分布在各行各业，社会影响力较大。但是其思想觉悟参差不齐，在价值观上呈现复杂性和多样性，有的在国外留过学，受西方价值观影响较大，滋生出一些拜金主义、享乐主义等不良思想；有的标新立异，对党情、国情不了解，面对一些消极腐败现象容易对党产生负面情绪等。

中国共产党自成立以来，始终注重与党外人士真交朋友、交真朋友，统一战线的团结引领优势正好契合新的社会阶层人士的特点，其求同存异、体谅包容的工作原则和灵活多样的工作方式对新的社会阶

层人士多元化的价值理念的发展具有很大促进作用。对此，统一战线始终发挥优势，在积极对新的社会阶层人士进行思想引导的同时，加强对党外知识分子的政治引领和对新的社会阶层人士的团结帮助，使党外人士对中国特色社会主义道路、理论、制度、文化更具信心，社会各阶层创造力和发展活力更加迸发。

一方面，在经济上构建健康的新型政商关系。据统计，目前非公有制经济已经成为推动我国经济社会发展的重要力量。党的十八大已经提出了市场在资源配置中的决定性作用，因而我国要为非公有制经济健康发展营造良好的环境。面对现实中出现的一些非公有制经济人士对中国特色社会主义制度以及政商关系认识的质疑，习近平总书记提出"亲""清"二字的新型政商关系。所谓"亲"，就是领导干部要坦荡真诚地同民营企业接触交往，特别是在民营企业遇到困难和问题的情况下更要积极作为、靠前服务，对非公有制经济人士多关注、多谈心、多引导，帮助他们解决实际困难，真心实意支持民营经济发展。所谓"清"，就是民营企业家要洁身自好，同党政领导干部关系要清白。

另一方面，在思想上积极引导，增进政治共识。随着经济的发展，新的社会阶层人士不仅仅满足于经济发展，更有一定程度的政治需求和社会问题解决需求，他们在创业过程中也经历艰险，具有强烈的竞争意识和市场意识、政策意识。统一战线在服务于新的社会阶层人士方面大有空间和作为，可以为新的社会阶层人士提供政策上的宣传讲解，搭建各种平台，引导他们积极参与政治协商、发挥民主监督作用等。因此，增进政治共识，巩固共同思想基础，引导他们形成与中国特色社会主义相适应的价值理念和行为方式，铸牢统一战线服务参与的理念，至关重要。统战工作者要提高认识，各级领导干部要带头学习相关知识，带头参加各项活动，完善统战工作联席会议机制，明确各单位成员职责，提高思想认识。

五、 海内外中华儿女 "促统一、谋复兴" 愿望和意识更加强烈

近代以来中华民族最伟大的梦想就是实现中华民族伟大复兴，正如习近平总书记所强调的："团结统一的中华民族是海内外中华儿女共同的根，博大精深的中华文化是海内外中华儿女共同的魂，实现中华民族伟大复兴是海内外中华儿女共同的梦。"① 而要实现中华民族伟大复兴的中国梦，不仅要形成大陆范围内以社会主义为政治基础的政治联盟，还要以爱国主义为政治基础团结海内外同胞，使之成为共同致力于中华民族伟大复兴事业的重要力量。以港澳台同胞和海外华侨为主体的第二个范围联盟，是统一战线的重要方面，是统一祖国、振兴中华的重要力量。对此，中国共产党不断巩固和加强海内外中华儿女大团结，着力提升港澳台同胞的国家民族意识，积极引导海外华人华侨关心和参与祖国现代化建设及和平统一大业，凝聚起海内外中华儿女"促统一、谋复兴"的强大合力。

一方面，坚持"一国两制"、爱国一家的港澳台政策。"一国两制"不仅是大陆对台的政策，也是香港、澳门两个特别行政区所采用的制度。对于港澳来说，就是要全面准确贯彻"一国两制""港人治港""澳人治澳"高度自治的方针，严格依照宪法和基本法办事。在

---

① 习近平：《共同的根共同的魂共同的梦　共同书写中华民族发展新篇章》，《人民日报》2014 年 6 月 7 日。

对台方面，1987 年底，两岸同胞长期隔绝状态被打破，交往日益密切，经济合作蓬勃发展，互补互利的格局初步形成。尤其是两岸"大三通"以来，两岸交流越来越频繁。同时，积极倡导"两岸一家亲"理念，共同构建两岸命运共同体，推动两岸和平发展。2017 年，习近平总书记在党的十九大报告中强调，我们秉持"两岸一家亲"理念，尊重台湾现有的社会制度和台湾同胞生活方式，愿意率先同台湾同胞分享大陆发展的机遇，这为两岸关系的新发展开辟了光明的前景。

另一方面，制定聚侨、护侨、用侨、爱侨的侨务海外政策。1949年《中国人民政治协商会议共同纲领》规定，中华人民共和国和人民政府应尽力保护国外华侨的正当权益和利益，保护归侨、侨眷的合法权利和利益。1981 年党的十一届六中全会通过《关于建国以来党的若干历史问题的决议》，改变沿用多年的革命统一战线的传统提法，将新时期的统一战线明确地称为爱国统一战线，制定友善和凝聚人心的侨务政策，发挥华人华侨的巨大优势，为改革开放引进了大量的资金、技术、人才，推进了对外开放向纵深发展，取得了社会主义现代化建设的巨大进展。党的十九大报告指出，将广泛团结联系海外侨胞和归侨侨眷，共同致力于中华民族伟大复兴，从而最大限度把海外侨胞和归侨侨眷中蕴藏的巨大能量凝聚起来、发挥出来。

第四节　统一战线部门职责更加明晰

统一战线工作是全党的工作，统战部门是做好统一战线工作的基础和关键。周恩来曾指出："任何部门的工作都不能与统战工作相脱离。"① 邓小平说："统战工作是全党各部门的工作。"② 习近平也明确指出："统战工作是全党的工作，必须全党重视，大家共同来做。……要坚持党委统一领导、统战部牵头协调、有关方面各负其责的大统战格局，形成工作合力。"③ 这既为发挥统一战线实现中国梦的法宝作用提供了有力的政治保证，也对健全全局性的统战工作机制体制提出了新的要求。2015 年 7 月 30 日，中共中央政治局会议决定成立中央统一战线工作领导小组，专门研究部署关于统一战线的重大方针、政策、法律法规等，指导各地区各部门党组贯彻落实。可以说，中国共产党不断加强统战部门自身建设，建立和健全党委统一领导、统战部门牵头协调、有关方面各负其责的大统战工作格局。

一、 加强党对统一战线工作的领导

中国共产党两个先锋队的性质决定了党要在统一战线中保持自己的独立性，并在此基础上坚持对统一战线的领导。党的领导是统一战线事业发展的根本保证。中国共产党成立百年的历史实践充分证明，中国革命、建设和改革必须要有广泛的统一战线，但是这个统一战线要取得革命、建设和改革的胜利就必须由无产阶级政党来掌握领导权。早在新民主主义革命时期，毛泽东就中国共产党汲取大革命失败

① 《周恩来统一战线文选》，人民出版社 1984 年版，第 177 页。
② 中共中央统一战线工作部、中共中央文献研究室：《邓小平论统一战线》，中央文献出版社 1991 年版，第 86 页。
③ 习近平：《巩固发展最广泛的爱国统一战线 为实现中国梦提供广泛力量支持》，《人民日报》2015 年 5 月 21 日。

的深刻教训曾多次强调，领导权问题是中国革命成败的核心问题。毛泽东在《中国共产党在抗日时期的任务》一文中明确指出，在某种历史环境能够参加反对帝国主义和反对封建制度的中国资产阶级，由于其在经济上政治上的软弱性，在另一种历史环境就要动摇变节，这一规律在中国历史上已经证明了。因此，中国反帝反封建的资产阶级民主革命的任务，历史已判定不能经过资产阶级的领导，而必须经过无产阶级的领导才能够完成。只有充分发扬无产阶级在民主革命中的彻底性，才能克服资产阶级的那种先天的动摇性和不彻底性，而使革命不至于流产。没有中国共产党的坚强领导，任何革命统一战线也是不可能胜利的。

新中国成立后，中央先后对统一战线工作做出总体安排，突出党在统一战线工作中的领导地位，要求各级党政领导在统一战线工作中发挥模范带头作用。新中国成立前后，在党的领导下统一战线是废弃还是保留的问题得到了解决。新中国成立前后，一些人对统一战线废弃还是保留有不同意见，中共党内和民主党派内部都有人主张，既然我国反帝反封建的任务已经完成，民主党派就没有继续存在的必要了，有的民主党派开始准备自行解散。在这种情况下，毛泽东肯定地回答说："统一战线是否到了有一天要解散？我是不主张取消的。"①1956 年社会主义改造完成后，中国共产党确立了与民主党派"长期共存，互相监督"的基本方针。改革开放初期，在党的领导下统一战线的性质问题得到解决。"文革"结束后，国内各项事业百废待兴，邓小平领导全党率先在思想战线和统一战线两个领域进行拨乱反正。

---

① 《毛泽东年谱（1949—1976）》第 1 卷，中央文献出版社，2013 年版，第 582 页。

在思想战线领域，开展实践是检验真理唯一标准的讨论，恢复实事求是的党的思想路线。在统一战线领域，根据其性质和成员的变化对统一战线重新进行科学规定。

新时期在党的领导下统一战线的政治地位问题得到解决。鉴于新时期统一战线政治联盟性质的变化，统一战线的政治地位也要发生相应的变化。新时期统一战线发展的一个显著标志，就是以制度的形式解决了统一战线的政治地位问题。1986 年中共中央批转中央统战部的报告时指出，各民主党派都不是在野党，更不是反对党，而是同中共通力合作的共同致力于社会主义事业的亲密友党。1989 年 12 月中共中央制定的《关于坚持和完善中国共产党领导的多党合作和政治协商制度的意见》明确指出，中国共产党领导的多党合作和政治协商制度是我国的一项基本政治制度，并且进一步规定，各民主党派是接受中国共产党领导的、同中国共产党通力合作、共同致力于社会主义事业的亲密友党，是参政党。2000 年 12 月举行的第十九次全国统战工作会议阐明了我国政党制度的显著特征，即"共产党领导、多党派合作，共产党执政、多党派参政"，第一次将统一战线的政治地位和社会功能提升到我国社会主义民主政治制度的高度。党的十七届四中全会上通过的《中共中央关于加强和改进新形势下党的建设若干重大问题的决定》，把中国共产党领导的多党合作和政治协商制度以及统一战线纳入"坚持和完善党的领导制度"的范畴，使全党对统一战线政治地位和社会功能的认识得到进一步提升。

党的十八大以来，以习近平同志为核心的党中央在提升统一战线地位的同时，把统战工作纳入顶层设计，提高了统战工作的规格，确立了"大统战"的格局。2015年中共中央政治局会议决定成立中央统一战线工作领导小组，专门研究部署关于统一战线的重大方针、政策、法律法规等，这一规定，充分体现了中央对统战工作的高度重视，将有效解决统一战线不统一的问题，为开展统战工作提供了有力的保障。同时，明确规定各级党委的统一战线工作职责，全面推进党委常委担任或兼任统战部部长制度，指导各地区各部门党组贯彻落实，进一步加强和改善了党对统一战线工作的领导。习近平总书记强调，统战工作是各级党委必须做好的分内事、必须种好的责任田，各级党委要把统战工作摆在重要位置，做到四个纳入：纳入党委重要议事日程，纳入党政领导班子考核内容，纳入宣传计划，纳入党校、行政学院、干部学院、社会主义学院的重要教学内容。2020年修订的《中国共产党统一战线工作条例》首次规定了各级党委开展统战工作的七项主要职责，明确党委（党组）主要负责人是统战工作第一责任人，党委领导班子成员要做到"三个带头"，也就是带头学习宣传和贯彻党的统一战线理论、方针政策和法律法规，带头参加统一战线重要活动，带头广交深交党外朋友。同时，明确规定，省级党委统战部部长一般由同级党委常委担任，市县两级统战部部长由同级党委常委担任或兼任。这一新规定，有利于加强党对统一战线的领导，使统战部门更好地履行工作职责。

二、 明晰人民政协、 统战部和相关部门的工作职责

从广义上而言，统一战线就是指不同的社会政治力量（包括阶级、阶层、政党、集团乃至民族、国家等），在一定的历史条件下，

为了实现一定的共同目标，在某些共同利益的基础上组成的政治联盟。要加强统战工作，必须在党的领导下，充分调动各方面的积极性，形成工作合力。由于统一战线是各种社会政治力量的联合，所以我们党的统战工作涵盖面很广，涉及方方面面。党委作为领导力量，主要是抓大事、议大事，抓一些重要人物的统战工作，而很难面面俱到，做具体的统战工作。党委统战部具体负责统战工作，但因职能太多、人员有限，也难以独自承担起统战任务。所以，必须依靠人民政协、民主党派、工商联、民族、宗教、港澳台侨等相关部门按照分工具体做好各方面的统战工作。只有各方面齐心协力，形成大统战工作格局，形成统战合力，才能做好统战工作。新民主主义革命时期，党的统一战线工作主要由统战部负责，其工作职责随着不同阶段统一战线的性质和统一战线的任务而变化。新中国成立后，人民政协作为统一战线组织承担着"政治协商、民主监督、参政议政"的重要职能。人民政协是我国政治生活中发扬社会主义民主的重要形式，是我国最大的统一战线组织，它高举爱国主义和社会主义两大旗帜，突出团结和民主两大主题，涵盖了新时期的五种关系，即政党关系、民族关系、宗教关系、阶层关系、海内外同胞关系，在处理好这五方面关系上有着得天独厚的优势。在我国的政治生活中，党委是领导决策机关，人大是立法权力机关，政府是管理执行机关，政协是统战协商组织。政协的三大职能政治协商、参政议政、民主监督更多的是政权指向，着重在参政和协商，实际上参政是统战的方式和途径，而统战理念和统战思维的贯彻才更能体现以人为本、科学发展。因此，统战理所应当成为政协组织最鲜明和核心的理念。政协组织不仅是参政的平台，更应是统战思想得以贯彻的平台，是传播和贯彻统战思想的基地，这样其在促进祖国和平统一、做好群众工作、实现资源和社会整合中才能发挥更大更积极的作用。

党的十八大后，党中央强调要准确把握人民政协性质定位，充分发挥人民政协作为协商民主重要渠道的作用。习近平总书记指出，人民政协是国家治理体系的重要组成部分，要适应全面深化改革的要求，以改革思维、创新理念、务实举措大力推进履职能力建设，努力在推进国家治理体系和治理能力现代化中发挥更大作用。具体而言，如何把专门协商机构作用发挥好、把人民政协制度优势转化为国家治理效能，如何通过人民政协这一具有中国特色制度安排的有效运作彰显我国社会主义民主政治的特点和优势，如何使人民政协各项制度更加完善以为科学社会主义和人类贡献中国智慧和中国方案，是人民政协必须完成的崭新的时代课题。对此，加强思想政治引领、广泛凝聚共识成为新时代人民政协履职工作的中心环节。经过改革开放，我国发展的内外环境发生了深刻变化，所有制形式更加多样，社会阶层更加多样，社会思想观念更加多样，对内凝聚共识、对外传播共识的任务更加繁重。随着互联网特别是移动互联网的普及应用，社交 App 等自媒体给凝聚共识工作带来新的变量，网络日益成为舆论的策源地、信息传播的集散地、思想交锋的主阵地，意识形态领域斗争尖锐复杂，人民政协工作更加需要围绕中心环节来布局，力量向中心环节倾斜，形式围绕中心环节创新。因此，要优化政协履职的统战效能，推动政协统战和协商民主有机融合。政治协商既要重视"国策"协商，也要注重"思想"沟通，还要协调各方"利益"，找出最大公约数。民主监督重在依循政协章程提出意见和建议，凸显建设性、协商式监督。参政议政既要对党政决策释疑解惑，又要反映社情民意，增进共识。

统战部作为党委统一战线工作的"参谋部、政治部、组织部和办事机关"，承担着"了解情况、掌握政策、协调关系、安排人事"的工作职责。有关政府部门、企事业单位、人民团体要在人民政协、统战部的协调组织下，结合自身特点开展统一战线工作。党的十八大以后，中央不仅将统战部定位为党委统一战线工作的参谋、组织、协调、执行、督促、检查机构，而且对其职责进行了明确规定。2020年修订的《中国共产党统一战线工作条例》是中共中央颁布的第一部关于统战工作的党内法规，其中第七条对统战部的职责作了明确规定，即统战部的职责就是"了解情况、掌握政策、协调关系、安排人事、增进共识、加强团结"[1]。统战部具体有十五个职责：（一）贯彻落实党对统一战线工作的理论方针政策和决策部署，拟订统一战线工作政策和规划，向同级党委请示报告统一战线工作并提出意见建议。（二）统筹协调指导统一战线工作，组织协调开展日常监督检查。（三）负责发现、联系和培养党外代表人士，在同级党委领导下做好党外代表人士的政治安排，协同有关部门做好安排党外代表人士担任政府和审判机关、检察机关等领导职务的工作。（四）联系民主党派，牵头协调无党派人士工作，支持民主党派和无党派人士履行职责、发挥作用，支持、帮助民主党派和无党派人士加强自身建设。（五）开展党外知识分子统一战线工作。（六）统筹协调民族工作，领导民族工作部门依法管理民族事务。（七）统一管理宗教工作，领导宗教工作部门依法管理宗教事务。（八）参与制定、推动落实鼓励支持引导非公

---

[1]《中国共产党统一战线工作条例》，人民出版社，2021年版，第9—11页。

有制经济发展的方针政策，统筹开展非公有制经济人士统一战线工作。（九）统筹开展新的社会阶层人士统一战线工作。（十）会同有关部门开展港澳统一战线工作，开展对台统一战线工作。（十一）统一领导海外统一战线工作，统一管理侨务工作，统筹协调有关部门和社会团体涉侨工作。（十二）协调推进统一战线领域法治建设。（十三）在统一战线工作中落实意识形态工作责任制，负责开展统一战线宣传工作。（十四）指导下级党委统一战线工作，协助管理下一级党委统战部部长；协调政府有关部门统一战线工作，协助做好民族、宗教等工作部门领导班子成员推荐工作；加强同政协组织的沟通协调配合；加强对参事室、文史研究馆的工作指导；领导工商联党组，指导工商联工作；指导和管理社会主义学院；做好统一战线有关单位和团体管理工作。（十五）完成同级党委和上级党委统战部交办的其他任务。可以看到，这一法规将"增进共识、加强团结"纳入统战部工作职责，并要求有关部门和人民团体在增强统一战线工作使命感和责任感的基础上做到各负其责、相互协作。

第四章

开展统一战线工作的历史经验

统一战线是中国共产党的重要法宝。中国共产党成立百年来领导的统一战线在不同历史时期都发挥了巨大的作用，并在丰富的实践中取得了历史性成就，积累了一系列宝贵经验。统一战线工作的历史经验主要有：坚持党对统一战线工作集中统一领导，发挥统一战线服务中心大局的重要作用，把握统一战线大团结大联合的永恒主题，推动统一战线的理论创新与实践创新。这些经验既是全党智慧与汗水的凝结，也是巩固壮大爱国统一战线、全面推进统一战线事业发展的重要资源。

第一节 坚持党对统一战线工作的集中统一领导

领导权问题是统一战线最根本的问题。中国共产党的领导是统一战线最鲜明的特征，坚持党的领导是统一战线最根本、最核心的任务，更是统一战线工作百年实践最根本的经验。中国共产党对统一战线的领导是由中国的国情决定的。历史和现实也已经证明，只有在中国共产党的领导下，中国才能找到一条符合国情的实现社会主义现代化的正确道路；只有在中国共产党的领导下，中国才能凝聚、动员、组织和带领整个中华民族的力量为建设中国特色社会主义这个共同目标而奋斗。可以说，统一战线事业的巩固与发展离不开党的领导。

一、 统一战线必须要坚持无产阶级政党的领导

领导权是统一战线最根本的问题，它直接关乎统一战线的性质、方向和成败。恩格斯指出，无产阶级政党在联合其他政党时"必须以党的无产阶级性质不致因此发生问题为前提"[1]。毛泽东指出："没有中国共产党的坚强的领导，任何革命统一战线也是不能胜利的。"[2] 在党的历史中，领导权问题是事关党和国家前途命运的问题，坚持统一

---

[1]《马克思恩格斯文集》第 10 卷，人民出版社 2009 年版，第 578 页。

[2]《毛泽东选集》第 4 卷，人民出版社 1991 年版，第 1257 页。

战线，最重要的就是坚持党的统一领导，这是统一战线中最根本的问题。中国特色社会主义的伟大实践一再证明，只要坚持和加强党对统一战线工作的领导，牢牢掌握统战领导权，就能使统一战线保持正确方向并不断发展壮大，而一旦放弃或削弱党的领导权，就会使统一战线偏离方向、遭到破坏甚至被断送。因此，坚持中国共产党的领导地位是统一战线的核心要义，是我们党在长期的历史实践中得出的宝贵经验，是中国能始终朝着正确方向发展的政治保障，我们党要以覆盖各领域、贯穿全过程的方式为统一战线工作把好方向掌好舵。中国共产党对统一战线的领导权并不是天生的，而是在长期的革命和建设的实践中，以适合中国国情、符合广大人民根本利益的方针政策，以优良的工作作风和模范行为，在赢得了共同致力于中华民族独立富强的各民主党派、无党派人士及社会贤达的信任的基础上，逐步取得的。

在新民主主义革命时期，中国共产党积极争取并局部掌握了统一战线领导权。大革命时期，中国共产党以列宁关于民族和殖民地问题的理论为指导，结合中国实际，适时提出并制定了革命统一战线的政策。在中国共产党的推动、帮助和共产国际的支持下，经过国共双方的努力，孙中山接受了中国共产党的建议，国共两党实现了合作，形成了广泛的民族民主革命统一战线。但党在幼年阶段对革命性质的认识不足以及少部分同志错误的认知让党失去了对统一战线的领导权，最终导致了大革命失败。土地革命战争时期，中国共产党独立掌握工农民主统一战线的政治和军事领导权，但主要是对工人、农民和城市小资产阶级的领导。在整个抗日战争期间，中国的各个民主党派、社会进步团体、民主进步人士，在中国共产党的号召和政治领导下，逐步团结在抗日民族统一战线的旗帜下，在反对国民党一党专政、巩固抗日民族统一战线上，显示出巨大的政治力量。解放战争时期，中国共产党独立掌握人民民主统一战线的政治和军事领导权，但还不是全国范围意义上的。

新中国成立后，我国人民与各民主阶级、各民主党派、各人民团体形成了人民民主统一战线，中国共产党实现了在全国范围内对人民民主统一战线的领导，从而完成了社会主义改造，建立起了社会主义制度。1956年社会主义三大改造完成后，社会主义制度建立，我国进入建设社会主义时期，中国共产党对统一战线的领导开始由巩固领导权向完善领导权转变。在社会主义现代化建设新时期，爱国统一战线同样离不开中国共产党的领导。我国的现代化是社会主义的现代化，由于历史条件和社会制度不同，我国不可能走西方资本主义现代化的道路，只有在共产党的领导下，我国才能找到一条符合中国国情的实现社会主义现代化的正确道路。我国又是一个人口众多、多民族、多党派、经济文化落后的国家，没有中国共产党这个核心，就不可能凝聚、动员和组织全国人民的力量为建设中国特色社会主义的共同目标而奋斗。因此，坚持和加强党的集中统一领导，不仅是我国巩固和扩大统一战线的核心问题，也是各民族、各党派和各界人士的共同愿望和共同利益。历史已经证明，统一战线必须在中国共产党的坚强领导下，才有正确的方向、蓬勃的生机和光明的前途。如果没有一个坚强的领导核心，统一战线必然涣散无力，不会有协调一致的步伐。中国共产党的领导越坚强，统一战线就会团结得越紧密，发挥的作用也越大。

进入新时代，习近平总书记指出，统一战线是党领导的统一战线，做好统战工作，"必须掌握规律、坚持原则、讲究方法，最根本的是要坚持党的领导"①。"坚持党的领导"是加强党对统战工作领导的根本前提与政治保证。统一战线作为中国特色社会主义事业的重要战略组成部分，一直为党和国家的中心工作发挥着凝聚共识、人心、智慧与力量的重要作用。作为我们党一贯坚持的政治优势和战略方针，统一战线当然也要坚持和加强党的全面领导，这已经是被历史与实践反复证明的科学规律。坚持党对一切工作的领导是习近平新时代中国特色社会主义思想的重要理论成果，是新时代治国理政的基本方略，"党政军民学，东西南北中，党是领导一切的。"② 唯有如此，才能在更高水平上实现全党思想上的统一、政治上的团结、行动上的一致，进一步提高党的创造力、凝聚力、战斗力，才能为新时代凝聚起最广泛的人心和最大范围的共识。由此可见，在党的百年发展历程中，中国共产党深刻地领悟到必须牢牢把握统一战线的领导权的重要性。这条经验在统一战线工作中得以贯彻并不断深化。

二、 中国共产党必须要坚持对统一战线的正确领导

党对统一战线的领导主要是政治领导，即政治原则、政治方向、重大方针政策的领导，即确立统一战线需要遵守的政治原则、需要遵循的政治方向和需要采取的重大方针政策，并通过民主协商、说服教育等方式引导同盟者认同和执行，这是由中国共产党的地位和作用决定的。中国共产党既是国家政治体系的统领者，又是中国政

---

① 中共中央文献研究室：《十八大以来重要文献选编》（中），中央文献出版社 2016 年版，第 561 页。
② 习近平：《决胜全面建成小康社会　夺取新时代中国特色社会主义伟大胜利》，人民出版社 2017 年版，第 20 页。

治方向的掌舵者，同时还是重大方针政策的决策者。只有加强党的集中统一领导，才能实现"全国一盘棋""集中力量办大事""汇集智慧谋良策"。

中国共产党对统一战线的领导主要包括对政治原则的领导和对政治方向的领导和对重大方针政策的领导三个方面。第一，对政治原则的领导，即适时提出统一战线必须遵守的基本准则，如抗日民族统一战线的政治原则是"坚持抗战到底，反对中途妥协"。新中国成立初期人民民主统一战线的政治原则是遵守《中国人民政治协商会议共同纲领》。改革开放以来爱国统一战线的政治原则是坚持四项基本原则。进入新世纪，2000 年第十九次全国统战工作会议细化了爱国统一战线工作必须坚持的七条原则，即坚持党对统一战线的领导权；坚持为党和国家的中心任务服务；坚持大团结大联合的主题；坚持发扬社会主义民主；坚持求同存异、体谅包容；坚持运用"团结—批评—团结"的公式；坚持照顾同盟者利益。进入新时代，《中国共产党统一战线工作条例》在原有的七条原则的基础上将爱国统一战线工作原则调整完善为八条原则，即坚持中国共产党的领导；坚持高举爱国主义、社会主义旗帜；坚持围绕中心、服务大局；坚持大团结大联合；坚持正确处理一致性和多样性关系；坚持尊重、维护和照顾同盟者利益；坚持广交、深交党外朋友；坚持"大统战"工作格局。这些政治准则的提出，为实现党对统一战线的领导提供了保证。第二，对政治方向的领导，即适时提出统一战线一致行动的奋斗目标。新民主主义革命时期，中国共产党提出了反帝、反封建、反官僚资本主义，建立独立、民主、和平、统一和富强的中国的奋斗目标。这一目标团结了大多数、争取了中间力量，最终人民民主专政的新中国成立了。新中国成立后，建设一个伟大的社会主义中国的新目标凝聚起了社会各界进步力量，使得党成功完成了对资本主义工商业的社会主义改造，为恢复发展国民经济做出了历史性贡献。当前，将我国建设成为社会主义现代化强国成为中华儿女在新时代的共同目标。第三，对重大方针政策的领导，就是按照党的政治路线适时提出解决现实问题的基本主张和办法。如中华人民共和国成立以来，中国共产党在经济、政治、文化、社会、国防、外交等方面制定一系列方针政策，新时代确立坚持和发展中国特色社会主义的基本方略等。中共中央根据形势任务需要制定有关统一战线的方针政策，如改革开放以来制定的《新的历史时期统一战线的方针任务》《关于巩固和壮大新世纪新阶段统一战线的意见》和《中国共产党统一战线工作条例》等，这些都是对统一战线的重大方针政策的指引。

百年来，党的统一战线工作之所以取得历史性成就，最根本的原因就在于党采取了有利于坚持和巩固党的领导地位和执政地位的政策举措，坚持和改善了党对统一战线的政治领导，确保了党在统一战线中始终总揽全局、协调各方。坚持党的领导，关键在于凝聚思想共识。从本质上来说，凝聚思想共识是运用中国共产党的指导思想和主张，对统战对象做政治工作，从而逐步减少他们的思想分歧。从形式上来看，凝聚思想共识主要通过宣传、教育、培训、学习、参加社会活动等方式使统战对象达成共同的思想认识。抗战时期，中国共产党利用各种形式宣传"停止内战，一致抗日"的主张，得到了包括各民主党派、无党派人士在内的全体中国人民的高度认同和积极响应。土地改革时，党组织民主党派成员和无党派人士分赴各地参加或参观土地改革，消除其思想顾虑和抵触情绪，为土地改革的顺利开展统一了思想认识。改革开放时期，中共中央先后颁布《关于坚持和完善中国共产党领导的多党合作和政治协商制度的意见》《关于进一步加强中国共产党领导的多党合作和政治协商制度的意见》，这两个文件以制度化的方式将思想建设纳入参政党建设的重要内容。进入新时代，党通过开展"不忘合作初心，继续携手前进"主题教育活动，进一步巩固和深化统战对象的思想共识。

要实现党对统一战线的领导，既需要依靠党的正确路线政策，又需要依靠党统筹协调统一战线内部各种关系，还需要尊重和照顾同盟者的利益。统一战线工作的任务就是团结同盟者为共同的目标而奋斗。"尊重、维护和照顾同盟者利益"是统战工作的基本经验和重要原则。中国共产党带领中国人民进行革命、建设、改革的历史，就是与同盟者团结奋斗的历史，也是照顾同盟者利益共同奋斗的历史。早在 1948 年，毛泽东就提出了照顾同盟者利益的政策思想，他指出，领导阶级要实现对其他阶级的领导，就要给被领导阶级以物质利益，至少不损害其利益；而且指出，人与人、政党与政党、国与国之间的合作，都必须是互利的，否则，合作就不可能维持。1956 年李维汉在党的八大上也指出，照顾同盟者的合理利益是争取同盟者的必要条件。基于此，照顾同盟者利益就成为中国共产党领导的统一战线必须坚持的重要原则。面对改革开放以来统一战线成员利益多元化的新形势，历届中央领导集体都不断强化"照顾同盟者利益"的基本原则与成功经验。新时代统一战线高度重视并及时回应统战对象的需求，《中国共产党统一战线工作条例》正式将"尊重、维护和照顾同盟者利益"作为开展统一战线工作的主要工作原则。同时《中国共产党统一战线工作条例》确定了"正确处理一致性与多样性关系"的统战工作原则，坚持一致性就是要坚守政治共识这个底线，在中华民族伟大复兴中国梦的共同目标下寻求最广泛的共识；尊重多样性就是强调要尊重统一战线成员合理的利益诉求。坚持"尊重、维护和照顾同盟者利益"原则，既是"正确处理一致性与多样性关系"这一统战工作原则的具体体现，也是我们一以贯之的"以人民为中心"的发展思想在统一战线领域的生动体现与贯彻实施。

第二节　发挥统一战线服务中心大局的法宝作用

众所周知，中国共产党是一个以马克思主义武装自己的工人阶级的先进政党。中国共产党自成立之日起，就肩负着反帝反封建，实现民族独立、人民解放、国家富强、人民幸福，最终建立共产主义社会的历史使命。而要实现这一宏伟的奋斗目标，没有一个包括全民族绝大多数人口的最广泛的统一战线，是绝对不可能的。统一战线是党的事业取得胜利的重要法宝，并始终是党的工作全局中的一个极为重要的方面。百年来，统一战线在中华民族伟大复兴的发展历程中，始终服从服务于党的中心工作，充分发挥服务党和国家中心工作的法宝作用，为党团结和带领全国各族人民、联合各方面的积极力量共同实现党的奋斗目标发挥了重大作用。党的总路线、总方针是党的中心工作和工作大局的集中表达，不同历史阶段的统一战线之所以有着不同的性质、范围、任务、目标和形式，是因为其都是根据党的中心工作和工作大局调整变化的。

一、 革命战争年代统一战线是克敌制胜的重要法宝

在建党初期，统一战线就紧紧围绕反帝反封建的中心工作任务踏上了奋斗的征程。新民主主义革命时期，中国共产党制定了总路线，即无产阶级领导的，人民大众的，反对帝国主义、封建主义和官僚资本主义的革命。从这一路线中可以看到，新民主主义革命时期，党面临的主要任务是反对帝国主义、封建主义、官僚资本主义，争取民族独立、人民解放，为实现中华民族伟大复兴创造根本社会条件。中国共产党所面对的现实是革命的任务十分艰巨，而敌人空前强大，革命与反革命力量对比不平衡，单靠中国共产党人的力量远远不够，无法战胜强大的敌人。党要完成这个主要任务，就必须依靠统一战线这个重要法宝，团结一切可以团结的力量。而伴随统一战线中心任务的不断调整，统一战线从工农民主统一战线到抗日民族统一战线再到人民民主统一战线，在新民主主义革命的胜利、国民经济的恢复中发挥了独特的功能。

早在 1922 年，中国共产党就发表了《中国共产党对于时局的主张》，提出了建立民主联合战线的问题。党的三大通过了国共合作建立革命统一战线的方针和原则。1924 年，在《中国国民党第一次全国代表大会宣言》中，孙中山提出"联俄、联共、扶助农工"的"新三民主义"。至此，国共两党为了国民革命而达成了民众的大联合，成功地实现了第一次国共合作，反帝反封建统一战线得以正式建立，并在全国人民的积极支持下取得了一系列重大成果，但最终由于国民党右派的背信弃义而遭到破坏。土地革命战争时期，为了团结一

切可以团结的力量，完成反帝反封建的任务，党的统战工作主要是建立了工农民主统一战线。统一战线的主要成员是工人、农民、小资产阶级。由于这一时期我党制定的《兴国土地法》对地主、富农、手工业者等进行了区别对待，革命得到了根据地各阶层人士的拥护和支持。而在日本帝国主义武装侵略中国，企图变中国为其殖民地的紧要关头，毛泽东在《论反对日本帝国主义的策略》《中国革命战争的战略问题》《为争取千百万群众进入抗日民族统一战线而斗争》等重要文章中极为深入地论述了建立抗日民族统一战线的必要性和紧迫性。他认为，组织千千万万的民众，调动浩浩荡荡的革命军，是革命向反革命进攻的需要。只有这样的力量，才能把日本帝国主义和汉奸卖国贼打垮，这是有目共睹的真理。因此，为了挽救民族危亡，这股力量结成了抗日民族统一战线。在抗日战争时期，毛泽东将统一战线总结为党克敌制胜的重要法宝，并强调如果不建立广泛的统一战线，"党就不能前进，革命就不能发展"[①]。

解放战争时期，随着国内外形势的变化，这一时期统战工作主要通过两条战线展开，一条战线在解放区（革命根据地），另一条战线在国统区。两条战线的展开使得"发展进步势力、争取中间势力、反对顽固势力"的方针得到了良好贯彻。在解放区，统一战线由于区别对待大地主、富农、中农、贫农以及小工商业者，并严格区分了消灭地主阶级和消灭地主个人两个概念，从而得到了广大农民和中间阶级的积极拥护。在国统区，随着爱国民主运动的日益高涨，越来越多的进步人士和有识之士会聚到了党领导的人民民主统一战线中来。国统

①《毛泽东选集》第 2 卷，人民出版社 1991 年版，第 608 页。

区的统一战线开展愈发顺利，不仅动摇了国民党的反动统治，更为新中国的成立做出了重大贡献。

新中国成立初期，在总结大革命、土地革命、抗日战争、解放战争时期统一战线理论和实践经验的基础上，我党开始了社会主义革命统一战线新道路的探索。而要完成社会主义革命的任务，同样单靠中国共产党人的力量远远不够，党要完成这个主要任务，必须依靠统一战线这个重要法宝。对此，新中国成立后，毛泽东针对党内一部分人滋生骄傲自满情绪、忽视统一战线的情况又多次指出，统一战线工作是最大工作，中国工人阶级必须求得四个阶级的共同解放才能求得自己的解放。1953 年，中共中央提出了过渡时期的总路线。在过渡时期，人民民主统一战线团结了小资产阶级、民族资产阶级和绝大多数的知识分子，自觉服从服务于过渡时期总路线的贯彻执行，为社会主义基本制度的建立发挥了积极作用。

二、改革开放时期统一战线是建设社会主义的重要法宝

改革开放后，党和国家将工作的重心转移到经济建设上来，党的工作的中心任务变成以经济建设为中心，这是基于我国的国情所决定的。改革开放初期，一个新的严峻问题出现在中国共产党人面前，那就是"贫穷"与"落后"成为制约我国消除贫困、全面建成小康社会的主要障碍，成为新的历史条件下中国人民面对的新"敌人"。对此，这一时期党面临的主要任务是，继续探索中国建设社会主义的正确道路，解放和发展社会生产力，使人民摆脱贫困、尽快富裕起来，为实现中华民族伟大复兴提供充满新的活力的体制保证和快速发展的

物质条件。很显然，如此艰巨的任务，单靠中国共产党的力量仍然不可能完成，必须要团结一切可以团结的力量共同努力，由此，统一战线重要法宝的作用更加突出。

统一战线伴随着不同的历史时期而不断变化，但不管如何变化，统一战线的重要法宝作用"不是可以削弱，而是应该加强"。在改革开放时期，它发展成为全体社会主义劳动者、拥护社会主义的爱国者和拥护祖国统一的爱国者的最广泛的联盟。邓小平指出，我们党提出的各项重大任务，没有一项不是依靠广大人民群众的艰苦努力来完成的。在新时期，统一战线的方针在"长期共存，互相监督"八字方针的基础上增加了"肝胆相照、荣辱与共"八个字，成为新时期中国共产党领导的多党合作的基本方针。1979 年 10 月，在全国政协、中央统战部宴请民主党派和全国工商联代表大会代表时，邓小平指出，中国共产党同各民主党派"长期共存，互相监督"的方针是一项长期不变的方针，同时进一步强调了"共产党要接受监督"的思想。

进入新世纪，我们党拉开了实现中华民族伟大复兴的帷幕，而建设中国特色社会主义事业则是实现这一伟大目标的坚实基础。然而，面对世情、国情和党情的变化，我们党面临许多前所未有的新课题和新挑战，推进改革开放和社会主义现代化建设具有艰巨性、复杂性。进入 21 世纪，随着国内外形势的变化、时代的发展，党中央对统一战线明确提出了新的"四个服务"的要求，即为建设有中国特色社会主义的经济、政治、文化服务，为维护安定团结的政治局面服务，为实现祖国的完全统一服务，为维护世界和平与促进共同发展服务。因此，江泽民指出："统一战线的根本任务就是争取人心、凝聚力量，为实现党和国家的宏伟目标而团结奋斗。"① 统一战线的根本任务是服从和服务于党的工作目标，统一战线就是实现中华民族伟大复兴的重要法宝。我们要紧扣党的中心任务，把准时代脉搏，调动一切积极因素和力量，为中华民族伟大复兴而奋斗。正如江泽民所强调的，统一战线是中国共产党"排除万难、夺取胜利的一大法宝"。只有用好这一法宝，才能把绝大多数的人团结在中国共产党周围，从而推动社会主义事业的顺利发展。

胡锦涛根据改革开放进入攻坚阶段和全面建设小康社会的新要求强调，统一战线是中国共产党执政兴国的重要法宝，要从巩固党的执政地位、扩大党执政的社会基础的战略高度重视和抓好统一战线工作。2006 年胡锦涛在全国统战工作会议上指出，在新世纪新阶段，统一战线地位重要，要坚持以马克思主义、毛泽东思想、邓小平理论和"三个代表"重要思想为指导，全面贯彻落实科学发展观，高举爱国主义旗帜，团结一切可以团结的力量，调动一切可以调动的积极因素，为促进香港、澳门长期繁荣稳定和祖国和平统一服务，为维护世界和平、促进共同发展服务。

三、 新时代统一战线是党的事业取得胜利的重要法宝

党的十八大以来，党的主要任务是，实现第一个百年奋斗目标，开启实现第二个百年奋斗目标新征程，朝着实现中华民族伟大复兴的宏伟目标继续前进。围绕这一中心任务，以习近平同志为核心的党中

---

① 《江泽民文选》第 3 卷，人民出版社 2006 年版，第 139 页。

央带领全党从深入分析新时代中国国情的新变化入手，创造性地论证了爱国统一战线是新时代党的事业取得胜利的重要法宝的道理。他指出，进入新时代，中国社会的主要矛盾变为人民日益增长的美好生活需要和不平衡不充分的发展之间的矛盾，而要想解决发展"不平衡""不充分"的问题，完成这一时期党的主要任务，单靠中国共产党党员的力量远远不够，必须依靠统一战线这一重要法宝。习近平总书记多次强调，"爱国统一战线是中国共产党团结海内外全体中华儿女实现中华民族伟大复兴的重要法宝"，又强调了"一个篱笆三个桩，一个好汉三个帮"。

实践证明，建立新中国，建设新中国，开拓改革路，实现中国梦，都需要各党派团体和各界人士齐心努力。新征程上，我们必须不断巩固和发展最广泛的统一战线，团结一切可以团结的力量，调动一切可以调动的积极因素，最大限度凝聚起共同奋斗的力量。我们必须坚持大团结大联合，形成海内外全体中华儿女心往一处想、劲往一处使的生动局面，汇聚起实现民族复兴的磅礴力量。对此，以习近平同志为主要代表的中国共产党人创造性地提出统一战线"三个法宝"的重要论断和"四个纳入""三个带头"的工作规定，要求全党树立"统战无小事"的思想认识，构建"全党共同做统战"的工作机制，从而最大限度地团结各界人士，利用一切积极因素，为党和人民事业的持续发展提供强大助力。对于人才，尤其是党内外知识分子，习近平总书记提出，要将人才工作作为一项基础性、战略性工作常抓不懈；要在支持留学、来去自由的方针下，鼓励留学人员在学成之后回国工作或者以多种方式直接或间接为祖国服务。对于非公有制经济，习近平总书记指出，非公有制经济是社会主义经济发展大业的重要组成部分，为了促进非公有制经济人士的健康成长，要一手抓鼓励支持，一手抓教育引导。事实证明，全党对统一战线和统一战线工作的高度重视有力地促进了统一战线的巩固壮大。

第三节　把握统一战线大团结大联合的永恒主题

统一战线是中国共产党凝聚人心、汇聚力量的政治优势和战略方针，是夺取社会主义伟大事业胜利的重要法宝，是全面建成小康社会、加快推进社会主义现代化、实现中华民族伟大复兴中国梦的重要法宝。邓小平指出："统一战线是马列主义战略策略原则的具体运用，它的本质就是团结大多数，孤立敌人。"[1] 习近平总书记强调，统战工作解决的就是人心和力量问题。可见，"大团结大联合"是统一战线的永恒主题，凝聚人心和汇聚力量是统一战线永远的主旋律。党的二十大报告中也指出，要"坚持大团结大联合，动员全体中华儿女围绕实现中华民族伟大复兴中国梦一起来想，一起来干"[2]。百年来，中国共产党在不同的历史时期，在充分发扬政治民主的基础上，牢牢把握统一战线大团结大联合主题，最大限度地团结和联合各阶级、各阶层、各党派、各民族、各政治团体，为实现共同目标而奋斗。

---

[1]《邓小平文选》第 1 卷，人民出版社 1994 年版，第 155 页。

[2] 习近平：《高举中国特色社会主义伟大旗帜为全面建设社会主义现代化国家而团结奋斗——在中国共产党第二十次全国代表大会上的报告》北京：人民出版社 2022 年版，第 39 页。

一、 新民主主义革命时期统一战线主题： 联合与革命

统一战线历来为党的中心工作服务。新民主主义革命时期，党的中心任务是推翻帝国主义和封建主义的压迫，建立无产阶级领导的各革命阶级联合专政的民主共和国。因此，在新民主主义革命时期，统一战线的主题是联合与革命。中国共产党反对"依靠单兵独马，去同强大的敌人打硬仗"的策略和做法，主张拿着统一战线这个法宝"去组织和团聚千千万万民众和一切可能的革命友军"，把"敌人包围而消灭之"。第一次国内革命战争时期的统一战线以推动国民革命为目的，以国共合作为基础，是由广大工人、农民、城市小资产阶级组成的反帝反封建的民族统一战线。中共三大制定了第一次国共合作的方针，提出共产党员以个人名义加入国民党，同国民党实行党内合作并改组国民党。1924 年 1 月召开的国民党一大，标志着以第一次国共合作为基础的民族民主革命联合战线正式形成。这次"大团结大联合"成为中国革命高涨的起点，点燃了大革命熊熊烈火，谱写了中国共产党领导中国人民进行反帝反封建革命的壮丽诗篇。

抗日民族统一战线则联合了整个中华民族一切爱国力量，包括工人阶级、农民阶级、城市小资产阶级、民族资产阶级、海外华侨，以及除汉奸、投降派以外的地主阶级和亲英美的官僚买办资产阶级。人民民主统一战线则是包括工人、农民、城市小资产阶级、民族资产阶

级、各民主党派、开明绅士、其他爱国分子、少数民族和海外侨胞在内的广泛联盟。新民主主义革命时期统一战线围绕"大团结大联合"的主题，使得中国共产党队伍蓬勃发展。中国共产党刚成立时，党员只有50多人；1924年至1927年，经历第一次国共合作，党员队伍壮大到5.7万人；红军长征到达陕北，建立抗日民族统一战线，1945年党员队伍壮大到121万人；1946年建立人民民主统一战线，党员队伍已壮大到448万人。由此可见，新民主主义革命时期统一战线的主题是联合与革命，即中国共产党领导的无产阶级联合农民、民族资产阶级和一切可能的革命的阶级和阶层，进行推翻帝国主义、封建主义和官僚资本主义的革命。

二、　社会主义革命和建设时期统一战线的主题：　团结与建设

中华人民共和国成立后，围绕"团结与建设"主题，中国共产党领导的统一战线为快速恢复国民经济、建立社会主义制度和进行社会主义建设做出了不可磨灭的贡献，为我国向社会主义社会过渡提供了坚实基础。1949年9月，新疆解放，彭德怀在确定西北军政委员会人选上，大胆起用旧政府和部队人员。他说，我们用干部的标准不取决于其是否是共产党员，只要他不是汉奸、特务，没有血债和民愤，是个人才，我们就都可以用。彭德怀站在"大团结大联合"统战高度，信任党外干部，唯才是举，对起义官兵和旧政府人员是极大的安慰，实现了新疆政权的顺利过渡。1949年中国人民政治协商会议第一届全

体会议通过的《中国人民政治协商会议共同纲领》明确指出："中国人民民主专政是中国工人阶级、农民阶级、小资产阶级、民族资产阶级及其他爱国民主分子的人民民主统一战线的政权，而以工农联盟为基础，以工人阶级为领导。"① 这一方面诠释了统一战线的阶级性质，另一方面也表明新政权具有广泛的群众基础。1950 年 6 月荣毅仁作为特邀代表，列席全国政协一届二次会议。毛泽东热情地握住他的手说："荣先生来了，欢迎你。"一句"欢迎你"，暖人心扉，代表着当时中国共产党对民族资本家的"大团结大联合"，为民族资本家积极投身社会主义建设打下了坚实基础。荣毅仁后来逐步变为赫赫有名的红色资本家，成了中华人民共和国国家副主席。

1950 年，中国共产党召开第一次全国统战工作会议，明确了统一战线在新中国成立初期的总体任务及工作基本方针。在政治领域，充分吸纳各民主党派代表人士进入人民政协，为巩固新生政权建言献策，共商国是；在经济领域，充分利用人民民主统一战线的组织基础，集中力量恢复国民经济，助力社会主义改造，为我国向社会主义社会过渡做出重要贡献。中国共产党统一战线调动了各民族的积极性、主动性，推动了社会主义建设事业发展。随着社会主义制度的确立，我国开始进行全面社会主义建设，人民民主统一战线在新的发展阶段有了新的工作任务。毛泽东在党的八大上对统一战线做出新论述，做出巩固和发展统一战线的决定，布置了各方面的工作任务。

① 中央档案馆、中共中央文献研究室：《中共中央文件选集》第 18 册，中共中央党校出版社 1991 年版，第 584 页。

1957 年，毛泽东在《关于正确处理人民内部矛盾的问题》中指出："调动一切积极因素，团结一切可能团结的人，并且尽可能地将消极因素转变为积极因素，为建设社会主义社会这个伟大的事业服务。"①根据这一方针，中国共产党依托统一战线积极发挥各界各党派人士的才智，充分肯定知识分子的重要作用，积极做好民族宗教工作，调动了全国各族人民的积极性。

三、 改革开放和社会主义现代化建设新时期统一战线的主题： 爱国与建设

在改革开放新时期，中国共产党纠正过去"左"的错误，广开言路、广开才路，围绕"爱国与建设"主题，依据改革开放的需要，不断推动统一战线的巩固和发展。对此，中国共产党适时调整统一战线的内部构成，凝聚爱国和建设力量。1981 年 6 月，党的十一届六中全会通过《关于建国以来党的若干历史问题的决议》，明确一定要毫不动摇地团结一切可以团结的力量，巩固和扩大爱国统一战线。该决议正式将统一战线的主题从"革命"调整为"爱国"。1982 年 12 月通过的《中华人民共和国宪法》指出："在长期的革命和建设过程中，已经结成由中国共产党领导的，有各民主党派和各人民团体参加的，包括全体社会主义劳动者、拥护社会主义的爱国者和拥护祖国统一的

---

①《毛泽东文集》第 7 卷，人民出版社 1999 年版，第 228 页。

爱国者的广泛的爱国统一战线，这一统一战线将继续巩固和发展。"[1]
这明确了爱国统一战线的正式称谓和构成范围，将一切爱国爱社会主
义人士都纳入统一战线范围，得到了海内外广大中华儿女的深刻认
同，完成了将阶级力量转化为建设力量的重大课题。

此后，中国共产党不断巩固和发展爱国统一战线，凝聚共同奋斗
的力量。面对当时国际国内的严峻局势，以江泽民同志为核心的党的
第三代中央领导集体从国家和民族的战略高度出发对统一战线做出重
要定位，即"无产阶级为了实现自己的历史使命，必须在不同的历史
阶段，联合一切可能联合的阶级、阶层，团结一切可以团结的力量，
调动一切积极因素，并努力化消极因素为积极因素，结成最广泛的统
一战线"[2]。中央提出统一战线的基本任务、完善发展的战略方针以及
统一战线要突出"三个有利于"原则，将中国共产党统一战线理论推
向了新高度。21 世纪，我国进入全面建设小康社会和奋力实现社会主
义现代化的新的发展阶段，面临的内外形势与以往有所不同，战略机
遇有了新的时代特征，这对统一战线工作提出新的更高要求。党的十
六大对进入 21 世纪的统一战线做出战略部署，提出要"高举爱国
主义、社会主义的旗帜，加强全国各族人民的大团结，巩固和发展
最广泛的爱国统一战线"，这奠定了爱国统一战线继续巩固发展的
总基调。2006 年 7 月，胡锦涛在全国第二十次统战工作会议上，对

---

① 中共中央文献研究室：《十二大以来重要文献选编》（上），人民出版社 1986 年版，第 218 页。
② 中共中央统一战线工作部、中共中央文献研究室：《新时期统一战线文献选编》（续编），中共中央党校出版社 1997 年版，第 231 页。

21 世纪新阶段爱国统一战线的工作重心、任务要求和历史地位等重大问题进行全面系统的阐释，对统一战线要在民主党派工作、民族工作、宗教工作、阶层工作、海外侨胞工作等方面发挥独特优势做出了具体阐述。

四、 新时代统一战线的主题： 凝心与复兴

党的十八大以来，以习近平同志为核心的党中央深刻认识到统一战线在建设中国特色社会主义事业、服务中华民族伟大复兴中的优势作用，将全国统战工作会议提升到中央统战部工作会议的规格，围绕"凝心与复兴"主题，发扬民主、广泛协商、联谊交友，团结统一战线各方面成员，进一步创新发展，为实现中华民族伟大复兴的中国梦凝心聚力。习近平总书记在 2015 年中央统战工作会议上，从国家长治久安的战略高度，深刻剖析了中外政治制度正反两方面的经验教训，强调多党合作是我们国家政治格局稳定的制度保障。中国共产党和民主党派之间是团结、合作、协商的政党关系。民主党派作为参政党，参加国家政权，参与重要方针政策、重要领导人选的协商，参与国家事务的管理，参与国家法律法规的制定和执行。

党的十九大指出，我们"要巩固全国各族人民大团结，加强海内外中华儿女大团结，团结一切可以团结的力量，齐心协力走向中华民

族伟大复兴的光明前景"①。新时代爱国统一战线通过凝心聚力、加强思想政治引领，夯实了广大成员对党和国家以及中华民族伟大复兴的政治认同。2020 年修订的《中国共产党统一战线工作条例》（以下简称《条例》）一方面将中国共产党统一战线思想理论和实践经验上升为制度性规定；另一方面增添了许多新内容，例如将原来"为实现'两个一百年'奋斗目标"具体为"为全面建设社会主义现代化国家"，并增添了"为坚持和完善中国特色社会主义制度、推进国家治理体系和治理能力现代化服务"。《条例》同时明确了统一战线要为全面建设社会主义现代化国家、实现中华民族伟大复兴提供广泛力量支持。历史和实践充分表明，统一战线团结的面越宽、团结的人越多、团结的程度越深，其法宝作用就越能更好地发挥，党和国家的事业就越能更好地向前发展。

第四节　推动统一战线的理论创新与实践创新

马克思主义统一战线理论学说，是与时俱进的、不断创新发展的理论学说。中国特色社会主义理论充满生机，就是马克思主义理论与中国的实践紧密结合并不断创新发展的结果。中国共产党历来注重统

---

① 习近平：《决胜全面建成小康社会　夺取新时代中国特色社会主义伟大胜利》，人民出版社 2017 年版，第 70 页。

一战线理论与实践的创新，坚持以改革创新的精神推动统一战线的发展。百年来，中国共产党在革命、建设和改革的实践过程中，始终坚持以理论创新促进实践创新、以实践创新驱动理论创新，在理论创新与实践创新的良性互动中巩固和发展统一战线。回顾历史，中国共产党的统一战线理论自新中国成立以来，先后经历了社会主义过渡时期人民民主统一战线理论的跨越式发展、中国特色社会主义建设时期爱国统一战线理论的创立和发展、中国特色社会主义新时代习近平总书记关于加强和改进统一战线工作的重要思想的创立和发展三个重要阶段，从而在实践中不断得到创新和发展。

一、　社会主义过渡时期人民民主统一战线理论的跨越式发展

对于统一战线，早在延安时期，毛泽东就提出了"统一战线是一门专门科学"的论断，并要求全党"学会这一门科学"。1949年，中华人民共和国宣告成立，中华民族迈入站起来的时代。为了解决中国共产党夺取政权后还需不需要统一战线等问题，1950年3月，中央统战部召开了第一次全国统战工作会议，全面阐述了新中国成立初期统一战线的各项理论方针和政策，创新和发展了人民民主统一战线理论。第一，确定了党的统一战线工作的总任务，即在实行共同纲领、巩固工农联盟的基础上，密切团结全国各民族、各阶级、各民主党派、各人民团体、广大华侨、各界民主人士和爱国分子，争取尽可能多的能够同我们合作的人，为稳步实现新时期的

历史任务而奋斗。第二，确定了对民族资产阶级必须实行又团结又斗争、以斗争求团结的方针，要特别注意同民族资产阶级搞好经济上的合作，以巩固政治上的合作。第三，明确了民主党派的性质和作用，即"各民主党派均对一定的社会阶级或阶层，主要对民族资产阶级、城市小资产阶级和它们的知识分子，有不同程度的联系和代表性；但都是阶级联盟的性质，不是单一阶级的政党"。关于民主党派的作用，毛泽东指出，民主党派是"一根头发的功劳"、一根头发拔不拔去都一样的说法是不对的。从它们背后联系的人们看，就不是一根头发，而是一把头发，不可藐视。第四，明确了解决民族问题的关键是实行民族区域自治政策。第五，明确了各级人民政权机关和人民团体的统一战线工作的中心任务是建立党与非党人士合作的正确关系。第六，确立了统一战线的根本指导思想即"无产阶级只有解放全人类，才能最后解放自己"。

1952 年底，中国开始进入社会主义改造时期，在中国社会和阶级关系发生深刻变革的新阶段，中国共产党对人民民主统一战线存在的必要性、范围、任务、组织形式以及各统战工作领域的理论和政策进行了新的阐述。第一，明确了统一战线的长期性和重要性，即为应对帝国主义的侵略、颠覆、威胁和实现祖国统一大业，改变我国经济和文化的落后状况，实现国家工业化和过渡到社会主义，必须团结一切可以团结的力量，巩固和发展广泛的统一战线。第二，明确了人民民主统一战线包括两个范围的联盟，即工农联盟和非工农联盟。第三，明确了人民政协的性质和作用。人民代表大会制度实施以后，人民政协不再代行人民代表大会职权，而是作为统一战线组织形式将继续存在并发挥作用。第四，确立了党在过渡时期对资本主义工商业采取利用、限制、改造的政策，实现对资本主义工商业的社会主义改造。对资本主义工商业的社会主义改造是世界无产阶级革命史上的一个伟大创举，是马克思主义统一战线理论的伟大创新。第五，确立了中国共产党同民主党派"长期共存，互相监督"的方针。"长期共存，互相监督"方针的提出，是社会主义国家政权中政党关系学说的开创之作，为中国特色社会主义政党制度的形成做出了独特的、创造性的贡献，为中国共产党同民主党派的长期合作奠定了坚实的理论基础。

从新中国成立到1956年社会主义改造完成，党在这一时期的历史方位和中心任务发生了重大转变，即从领导人民夺取全国政权转变为领导人民掌握并巩固新生的政权，带领全国各族人民从新民主主义向社会主义过渡，逐步实现国家的社会主义工业化，实现国家对农业、手工业和资本主义工商业的社会主义改造，把社会主义基本制度建立起来，把我国建设成为社会主义国家。随着党的历史方位和中心工作的变化，人民民主统一战线理论进入了一个全新的历史发展阶段，与此相应，统一战线工作的任务、范围、对象也都发生了深刻变化。历次全国政协会议、全国统战工作会议、全国统一战线理论工作会议等都会根据统一战线实践的发展来创新统一战线理论，从而形成了丰富的统一战线理论成果，这些理论成果又在实践中得到了进一步检验和完善。以党的统一战线工作方针为例，社会主义改造基本完成后，第八次全国统战工作会议强调统战工作要坚持"团结—批评—团结"的方针，由此，人民民主统一战线理论在指导统一战线工作实践中实现了跨越式发展。

二、 改革开放和社会主义现代化建设新时期爱国统一战线理论的创立和发展

改革开放后，面对和平与发展成为世界主题的国际局势、人民日益增长的物质文化需要同落后的社会生产之间的社会主要矛盾、国内阶级阶层关系的深刻变动和党的工作中心任务的战略转移的新形势新任务新情况，党制定了一系列关于统一战线的方针和政策，形成了邓小平新时期统一战线理论、"三个代表"重要思想统一战线理论、科学发展观统一战线思想，极大地丰富了中国共产党统一战线理论。

在改革开放和社会主义现代化建设新时期，邓小平根据国际形势的发展和党的工作重点的战略转移，对新时期统一战线的性质、地位、任务、对象、作用等一系列基本理论问题和各领域工作的方针原则进行了系统阐述，形成了新时期统一战线理论。新时期统一战线理论反映了时代的要求和特色，将中国共产党统一战线理论推进到了一个新的历史发展阶段。第一，科学界定了新时期统一战线的性质。新时期统一战线已经发展成为全体社会主义劳动者、拥护社会主义的爱国者和拥护祖国统一的爱国者的最广泛的联盟。邓小平把革命统一战线发展为爱国统一战线、把阶级联盟发展为政治联盟，是统一战线理

论发展的重大里程碑。第二，明确新时期爱国统一战线重要法宝的地位和作用。第三，阐明新时期爱国统一战线的对象和范围，即建立两个范围的联盟，一个是大陆范围内以爱国主义和社会主义为政治基础的团结全体劳动者和爱国者的联盟，一个是大陆范围外以爱国和拥护祖国统一为政治基础的团结台湾同胞、港澳同胞和国外侨胞的联盟。第四，创造性地提出了"和平统一、一国两制"的科学构想。这一科学构想的提出，不仅极大地丰富和发展了马克思主义国家学说和统一战线理论，而且有力地推动了我国和平统一大业进程。同时，对政党、民族、宗教、非公有制经济等方面也做出了明确的论述。

党的十三届四中全会后，以江泽民同志为核心的党的第三代领导集体，根据世纪之交国际国内形势的新变化和新特点，科学地回答了统一战线工作中出现的各种新问题，形成了"三个代表"重要思想统一战线理论，进一步丰富和发展了新时期爱国统一战线理论。第一，再次强调统一战线的重要法宝的地位和作用。第二，明确统一战线工作的根本任务就是争取人心，凝聚力量，为实现党和国家的宏伟目标而团结奋斗。第三，提出中国共产党领导的多党合作和政治协商制度是我国的一项基本政治制度，这一政党制度的显著特征在于"共产党领导、多党派合作，共产党执政、多党派参政"。因此，要坚持"长期共存、互相监督、肝胆相照、荣辱与共"的方针，不断推进多党合作的制度化、规范化和程序化建设。第四，提出加强民族团结、维护祖国统一、实现各民族共同繁荣进步的政策和措施。第五，强调要全面贯彻党的宗教信仰自由政策，依法管理宗教事务，坚持独立自主自办的原则，积极引导宗教与社会主义社会相适应。另外，对新的社会阶层的属性不仅做了明确的规定，而且明确了做好港澳台和海外统战工作的方向和党同党外人士合作共事的总体要求，同时强调坚持中国共产党的领导是巩固和发展爱国统一战线的根本保证。

党的十六大以来，以胡锦涛同志为总书记的党中央在新的国际形势下，在构建社会主义和谐社会、推进中国特色社会主义事业的伟大进程中，深入分析和研究统一战线发展的重大理论和实践问题，提出了许多重要的新思想、新观点和新举措，形成了科学发展观统一战线思想，把新时期爱国统一战线理论发展到一个新阶段。第十六次全国统战工作会议强调，统战工作要坚持"开阔眼界，走向世界，广交朋友，联络友谊"的方针。基于此，第一，再次强调统一战线的法宝作用，不仅指出统一战线是中国共产党团结一切可以团结的力量，夺取革命、建设、改革事业胜利的重要法宝，而且是中国共产党执政兴国的重要法宝，更是实现祖国完全统一和中华民族伟大复兴的重要法宝。第二，指出新世纪新阶段统一战线已经进一步发展成为全体社会主义劳动者、社会主义事业的建设者、拥护社会主义的爱国者和拥护祖国统一的爱国者的最广泛的联盟，具有空前的广泛性、巨大的包容性、鲜明的多样性和显著的社会性，要努力促进政党关系、民族关系、宗教关系、阶级关系、海内外同胞关系和谐。第三，发展和完善了多党合作制度理论。第四，指出中国共产党团结带领全国各族人民走出了一条中国特色民族发展道路，形成了平等、团结、互助、和谐的社会主义民族关系，强调要牢牢把握各民族共同团结奋斗、共同繁荣发展的主题。同时，强调要全面贯彻党的宗教工作基本方针，提出新的社会阶层工作方针，明确了港澳台和海外统战工作的方针和政策等。

三、新时代习近平总书记关于加强和改进统一战线工作的重要思想的创立与发展

进入新时代，面对国际国内复杂多变的环境，习近平总书记站在党和人民事业发展的战略高度，科学地回答了新时代我们需不需要统一战线、需要什么样的统一战线、怎样发挥统一战线的法宝作用以及如何建设统一战线等一系列重大战略问题，创造性地提出了统一战线工作的本质要求、工作方针、工作方法以及各领域的统一战线理论与政策，形成了习近平总书记关于加强和改进统一战线工作的重要思想。习近平总书记关于加强和改进统一战线工作的重要思想，来源于马克思主义统一战线理论，来源于中国特色社会主义实践，来源于中华文化土壤，是马克思主义统一战线理论中国化的最新成果，是中国共产党统一战线理论的继承和发展，是习近平新时代中国特色社会主义思想的重要组成部分，是继承性、创新性和实践性的有机统一，是新时代爱国统一战线工作的思想指引和行动指南。习近平总书记关于加强和改进统一战线工作的重要思想，开辟了新时代爱国统一战线理论发展的新境界。

习近平总书记关于加强和改进统一战线工作的重要思想的核心要义主要包括四个方面。第一，突出了新时代统一战线的法宝地位。新时代统一战线是党的事业取得胜利的重要法宝。第二，阐明了统战工作的核心是正确处理一致性和多样性的关系。我们党建立统一战线，是基于一致性和多样性的存在；巩固和发展统一战线，核心是正确处理一致性和多样性的关系。第三，创新统一战线工作的根本方法。统一战线是做人的工作，做好新形势下统战工作，必须善于联谊交友，搞统一战线是为了壮大共同奋斗的力量。第四，强调全面加强党对统战工作的领导。党的领导是中国特色社会主义最本质的特征，是中国特色社会主义制度最大的优势。统一战线作为党的总路线总任务的重要组成部分，必须坚持中国共产党的领导。纵观习近平总书记关于加强和改进统一战线重要思想的主要内容，可以说是博大精深、十分丰富，既有对统战基础理论的战略创新，也有对各统战工作领域的具体指导。这一思想首次将"致力于中华民族伟大复兴"写进统一战线性质，首次阐明了统一战线工作的本质要求，确立了正确处理一致性和多样性关系的工作原则，提出了新型政党制度概念，将新媒体中的代表性人士纳入统战工作对象等，极大地丰富和发展了马克思主义统一战线理论。

第五章

开创新时代统一战线工作新局面

　　统一战线是中国共产党成立以来沿用至今的一项基本策略。统一战线是凝聚人心、汇聚力量的强大法宝。中国特色社会主义发展进入新时代，随着经济和社会转型的不断推进，新时代统一战线工作面临社会环境复杂化、社会阶层多元化、社会思想多样化的挑战，统战工作也呈现出新的格局态势，有了更为繁重的工作任务和彰显时代特征的制度机制以及新的工作方法特点。基于新时代统一战线工作出现的新特点，新时代统一战线工作要紧紧围绕时代特色和任务要求，把握大团结大联合的主题，从加强党对统战工作的领导、精准把握统战理论政策、创新工作机制、改进工作方法四个层面健全统一战线工作的措施，从而提高统一战线工作的科学化、规范化、制度化水平。

第一节　统一战线工作面临的新挑战

中国共产党领导的统一战线是指中国共产党为完成自己的历史使命，团结工人阶级内部各阶层和政治派别，并同其他阶级、阶层、政党、集团、国家以及一切可以团结的力量，在一定共同利益基础上结成的联盟。然而，当今世界正经历百年未有之大变局，我国正处于实现中华民族伟大复兴的关键时期，在新的形势下，社会主要矛盾、社会结构、社会阶层以及社会思想等多方面的变化，给统一战线工作带来了新的挑战。

一、社会环境复杂化

从国际看，新时代统一战线首先面临着更加复杂的外部环境。当前，世界正处于百年未有之大变局，复杂的国际形势，一方面有利于中国扩大在国际舞台上的影响力和话语权，另一方面也使西方一些国家对中国崛起产生疑虑甚至恐惧，从而强化同中国的战略竞争，在经济、科技、意识形态等方面制造摩擦，打压中国的崛起。随着中国日益走近世界舞台的中央，我国发展所面临的挑战更加严峻，特别是美国一些政客为了维护美国世界霸权地位，对我国实行战略遏制。自疫情暴发以来，他们更是采取"推责中国"的策略，拉拢一些西方国家掀起抹黑中国的舆论浪潮，妄图挑起针对中国的溯源追责调查及索赔诉讼，并将更多的中国企业和机构列入"实体清单"，限制在美上市的中资企业，加快与中国在经济上的"脱钩"。当前，国际经济、科技、文化、安全、政治等格局在发生深刻调整变化，大国博弈加剧，我国发展面临许多新的挑战、存在诸多风险，而各类风险挑战背后都牵涉人心向背、力量对比这一"最大的政治"。面对复杂的国际环境，如何团结一切可以团结的力量，构建新时代国际统一战线，给新时代统一战线工作带来了挑战。

从国内看，中华民族伟大复兴进入关键时期，我国社会主要矛盾发生变化，这给新时代统一战线带来了新的挑战。社会作为一个有机整体，内部存在各种社会矛盾。社会主要矛盾不仅是部署工作的依据，也是划分社会发展阶段的根据。进入新时代，我国社会主要矛盾变为人民日益增长的美好生活需要同不平衡不充分的发展之间的矛盾。社会主要矛盾的变化是中国特色社会主义进入新时代的基本依据，决定了新时代中国特色社会主义建设的主要任务。习近平总书记指出："我国稳定解决了十几亿人的温饱问题，总体上实现小康，不久将全面建成小康社会，人民美好生活需要日益广泛，不仅对物质文化生活提出了更高要求，而且在民主、法治、公平、正义、安全、环境等方面的要求日益增长。同时，我国社会生产力水平总体上显著提高，社会生产能力在很多方面进入世界前列，更加突出的问题是发展不平衡不充分，这已经成为满足人民日益增长的美好生活需要的主要制约因素。"① 这种社会主要矛盾的新变化，并不意味着我们面临的问题少了、矛盾少了、任务轻了，而是面临的矛盾具有新的复杂性和艰

---

① 习近平：《决胜全面建成小康社会 夺取新时代中国特色社会主义伟大胜利》，人民出版社 2017 年版，第 11 页。

巨性。从这一矛盾的变化来看，人民在满足物质文化生活基本需要的基础上，参与政治生活的意愿十分强烈，不仅要求平等参与、平等发展的权利得到充分保障，而且要求依法享有广泛的权利和自由。同时，人民对基本公共管理服务关注度更高，要求享有更加高效的社会治理体系、更加完善的社会保障体系、更加可靠的社会安全体系等。另外，人民也对民生问题有更高的要求，在就业、教育、医疗、养老、环境保护、文化娱乐等方面有更多的向往。人民对美好生活的追求无止境，期盼更加有尊严、有品位、有快乐的生活。而城乡之间、区域之间发展不平衡，产业之间发展不平衡等现象不断加剧，不仅制约了人们对美好生活的需要，而且对统一战线的目标、手段、方式、范围等提出一定的挑战。社会主要矛盾的变化意味着社会构成要素发生变化，统一战线的任务、方式等相应地需要发生一定的转变。统一战线存在的价值要求统一战线作为矛盾协调者，认识矛盾，找到矛盾的关键，利用合理的方式缓解各种矛盾。如何准确地从社会主要矛盾出发，改变传统统一战线工作方式，"找到最大公约数，画出最大同心圆"，对新时代我国统一战线是巨大挑战。

二、 社会阶层多元化

中国特色社会主义发展进入新时代，新的历史方位面临新问题、新挑战。随着社会主义市场经济地位的逐步确立，非公有制经济快速发展，混合所有制企业、私营企业、合伙企业、合资企业等形式多样的企业迅猛发展，所有制形式也愈发多样。随着所有制形式的多样化，社会多元化趋势明显，社会阶层更加多样。原来我国的社会阶层结构非常简单，主要是"两个阶级一个阶层"，即工人阶级、农民阶级和知识分子阶层。随着改革开放的不断深化，经济社会持续快速发展，高新技术日新月异，社会流动性也随之不断加大。同时，"互联网＋"、数字经济、平台经济等新经济形态的蓬勃发展，使人们的空间观念、工作方式、生活理念等也发生显著改变，就业选择也日趋多元化，这就使以"网络意见领袖"为显著代表的新媒体从业人员迅速兴起；出国留学潮的持续走热以及回国创业热潮的兴起，带来了庞大的留学人才队伍；行业协会、民办非企业等非政府组织的快速发展，带来了新社会组织从业人员群体的快速增多。中国社会科学院社会学研究所 2019 年开展的中国社会状况综合调查显示，2008 年到 2019年，我国阶层分化更加明显，其中，工人、农民群体占比从 81.4％下降到 70.8％，虽有较大幅度下降，但依然牢牢占据主体地位；中小民营企业主占比从 0.3％上升到 1％，数字绝对值虽然不大，但作为推动我国经济社会发展不可或缺的重要力量，民营经济的掌舵人这一群体对经济社会做出的贡献要远超这一数字本身；专业技术人员和自由职业人员占比则从 6.3％上升到 16.7％，尤其以自由职业人员增幅最为明显，占比从 0.1％上升到 5.6％，上升了 50 多倍。显而易见，过去大量依靠组织的"单位人"正逐步转化成为分散流动的"社会人"，这也导致以身份为基础的阶层分化机制正逐步被以经济为基础的新机制所取代。

我国社会结构随着社会主义市场经济的发展而不断变化，逐渐受到社会资源、教育资源、机会资源等多重因素的影响，而从社会结构的多维度分析来看，社会结构变迁会对社会关系中的阶层关系也产生影响，社会中涌现出许多自由择业的知识分子，出现了新职业代表人士等，这都是统一战线的重要统战对象，做好这些群体的统战工作是新时代统一战线发展的内在要求，也是巩固和壮大我国统一战线的必然要求。如何组织、如何团结庞大的新社会阶层群体，成为新时代统一战线所面临的挑战。

三、 社会思想多样化

当前我国全面深化改革进入攻坚区和深水区，利益格局日趋复杂、社会思想日益庞杂、社会分化日渐严重，统一战线内部结构也发生深刻变化。工人、农民、知识分子进一步分化组合，新的利益群体不断产生，新的社会阶层不断发展，统战工作对象及其代表人士数量越来越多，层次越来越高，流动性、交叉性大大增加。而且，随着信息技术的发展，电子产品的普及扩大了新媒体的作用力，各种 App 的开发、公众号的推广使得人们在无形的科技中连接成一张"网"，相互传递信息、传播思想。新媒体的"发声"与"收声"在各种舆论中起着巨大的"主导"作用，其宣传的范围扩大、可见度增加，"互联网日益成为人们特别是年轻一代获取信息的主要途径，网络舆论直接影响着人们的思想观念和价值取向"[1]。统一战线不仅存在于传统现实空间，在互联网空间亦不断扩展。在互联网中，社会思潮的冲突加剧，在虚拟中构建主流意识形态难度较大。从传统的面对面开展工作转战到在互联网中开展工作，对统一战线工作提出了更高的要求，统

---

[1] 中共中央宣传部：《习近平新时代中国特色社会主义思想三十讲》，学习出版社 2018 年版，第 220 页。

战工作的开展方式以及互联网的操作、管理等方面存在很大的提升空间。

伴随统战工作的范围更广、领域更宽、团结面更大，社会利益诉求和社会价值观念更加多样，各种思想文化和各种社会思潮的渗透更加直接和迅速，统一战线内部相互关系和思想矛盾更加复杂，增进一致性和取得政治共识的难度加大。当前统一战线社会成员之间差异性显著增强、社会成员面对利益选择时不确定性增强以及社会成员追逐自由发展的个性增强，这些新特征，必然给统一战线工作带来新的挑战。首先，统一战线工作必须增加自己的社会性色彩，在领域方面不能仅仅局限于传统的政治领域，必须延伸到经济领域、文化领域和社会等领域。其次，统一战线工作的社会功能由控制为主向整合为主转变。统战工作手段有控制和整合之分，控制手段较为简单直接，在社会成员思想比较单一的情况下比较适用，但是在社会思想多元的今天，相对具有柔性色彩的整合手段就更有效果。再次，统一战线工作必须积极扩展自己的工作面，从大城市扩展到中小城市，也要在乡镇、社区一级加大工作力度。最后，必须提高统战工作技巧。统一战线工作本质是做人心的工作，而人心工作是最难的工作，这就必须要提高统战工作技巧，做到"周公吐哺，天下归心"。可以肯定的是，历史上统战工作形成了自己独有的工作方法，比如"不打棍子、不戴帽子、不抓辫子"的"三不"原则和"自己提出问题、自己分析问题、自己解决问题"的"三自"方针，这些方法仍然行之有效。但面对新问题，在继续使用这些方法的同时，要善于把统战工作寓于各种丰富多彩的活动之中，充分利用互联网等现代化手段，解决切实问题。

第二节 新时代统一战线工作的主要特征

进入新时代，在世界百年未有之大变局和实现中华民族伟大复兴的大背景下，统一战线面临着更加复杂的国内外环境，处于新的历史方位，也发生了许多新变化，呈现出诸多新特点。基于此，以习近平同志为核心的党中央站在新的历史方位不断推进统战工作，从党和国家事业发展的全局出发，在科学分析当前统一战线面临的形势和任务基础上，提出了一系列新思想、新观点和新要求，鲜明地回答了党的统一战线工作的重点、难点和亟待解决的众多现实问题，体现了新时代统一战线工作鲜明的时代特点。

一、形成更高的 "大统战" 工作格局

习近平总书记指出，"统一战线是党的事业取得胜利的重要法宝，必须长期坚持"，"统战工作是各级党委必须做好的分内事、必须种好的责任田。要坚持党委统一领导、统战部牵头协调、有关方面各负其责的大统战工作格局，形成工作合力"①。习近平总书记所提出的"大统战"工作格局具有鲜明的时代特点，是在世界多极化、文化多元化、价值多样化的时代潮流中做出的最新判断，为解决当前党的统

———————

① 《习近平关于社会主义政治建设论述摘编》，中央文献出版社，2017 年版，第 138 页。

一战线工作难题提供了努力方向和工作方法，这对广大统战工作者在新思维、大视野、大格局方面提出了新的要求。从国际背景来看，国际形势日益复杂，公共卫生安全问题、局部冲突问题、国际恐怖主义等各种不安定因素影响着世界的发展。全球化发展使得世界形成一个"人类命运共同体"，要应对国际形势的多变，需要国内发挥统一战线的优势，团结国内力量，共同面对外来的国际压力。党的十八大以来，面对百年未有之大变局的时代背景，党中央高度重视统一战线价值，习近平总书记不仅强调了统一战线"三个重要法宝"的历史地位，而且明确了新的历史条件下的统一战线在实现民族复兴中的战略定位，提升了新时期党的统一战线工作的政治站位。习近平总书记多次召开会议、发表讲话；中共中央印发了《中国共产党统一战线工作条例》；党的十九大提出了"画出最大同心圆"，圆内是统战成员，圆外是统一战线的潜在对象。人心向背、力量对比是决定党和人民事业成败的关键，基于此，党中央颁布《中共中央坚持和完善中国特色社会主义制度　推进国家治理体系和治理能力现代化若干重大问题的决定》，要求"坚持大统战工作格局……谋求最大公约数，画出最大同心圆"，提出了"大统战"的工作格局。

党的十八大以来，习近平总书记多次在讲话中指出"大统战"工作格局工作理念。习近平总书记提出"大统战"思想，要求构建"大统战"工作格局，改变了统一战线尤其是基层统战工作部门力量分散、"各自为政"的局面，加强了党对统一战线的全面领导，使统战工作呈现出新的气象。与传统的统战格局强调的工作格局和工作机制相比，"大统战"工作格局更能凸显统一战线总揽全局、协调各方的领导核心作用。从社会阶层来看，当前社会阶层在不断流动变化，新社会阶层也成为统一战线的工作对象。新时代爱国统一战线是包括全体社会主义劳动者、社会主义事业的建设者、拥护社会主义的爱国者、拥护祖国统一和致力于中华民族伟大复兴的爱国者的广泛的爱国统一战线，并将"留学人员、新媒体中的代表性人士以及非公有制经济人士的年轻一代"纳入未来统战工作并作为重点对象，调动一切积极因素，团结一切可以团结的力量。随着统战对象不断增多，统一战线工作的开展应顺势而变，借鉴以往的统一战线工作经验，找到适应社会发展要求的统战工作开展方式。社会阶层的变化意味着统一战线对象、范围等改变，这就要求统一战线要转变工作方式，在各地区开展调查，积极发展统战对象，开展统战工作，全面落实统战任务，拓宽统一战线范围，在坚持"大团结大联合"主题的同时，坚持多样性与一致性相统一。所以，新时代统一战线的社会基础拓宽、统战工作内容丰富、统战领域增加，使得"大统战"格局有了较为广阔的统一战线范围。"大统战"思想使得统战群体更团结、统一战线覆盖面更加广泛，将更多的统战对象团结起来这一目标促使统一战线的包容性增加，也使统一战线的凝聚力增强。"大统战"工作格局继承和发展了原来统一战线的思想方法，并结合国际、国内发展的时代背景，明确了统一战线在国家治理现代化中的重要地位，从顶层设计角度加强了党中央对统战工作的领导，并对统战工作的格局、统战工作方式提出了要求，是规划统战工作的"新蓝图"。

二、 明确更繁重的凝心聚力工作任务

中国特色社会主义发展进入新时代，实现社会主义现代化和中华

民族伟大复兴，成为建设中国特色社会主义的总任务，为此，统一战线的主要任务就是充分调动一切积极因素，广泛团结一切可以团结的力量，形成推动发展的强大合力，为建设社会主义现代化强国、实现中华民族伟大复兴最大限度地凝聚人心、凝聚力量、凝聚智慧、凝聚共识。然而，当今世界大变局下各国之间的竞争更加激烈，以美国为首的西方国家不遗余力地对我国进行围堵打压，力图从统一战线工作等方面打开缺口，统一战线的许多方面成为国际斗争的重要领域。在全面建设社会主义现代化国家和实现中华民族的伟大复兴的新征程上，我们必然会遇到各种可以预见和难以预见的风险挑战，甚至是狂风暴雨、惊涛骇浪，越是目标远大越是任务艰巨，越是形势复杂越要调动一切可以调动的积极因素、团结一切可以团结的力量，最大限度地把各方面的思想和行动统一起来，把智慧和力量凝聚起来。当前我国经济已经从高速发展转变为中高速发展，从追求高速度发展转变到追求高质量发展、推进供给侧结构性改革，不同群体之间的利益矛盾仍然存在，在一定程度和范围上甚至有可能激化。统一战线在调整新时代党派之间关系、民族宗教关系、新阶层之间关系等社会各方面关系中起着关键性作用。要调和或化解这些冲突和矛盾，就需要进一步发挥统一战线协调各方的能力，通过一致性和多样性相统一的方式，找到最大公约数，画出最大同心圆，形成发展合力，特别是在推进非公有制经济健康发展上有新作为，最大限度地增强最广大人民群众的获得感和幸福感。

所以，在新时代，统一战线的工作范围更宽了、对象更多了、任务更繁重了、责任更重大了。但统战工作在与社会发展的融合过程中还没有充分发挥其职能，这一点在基层统战工作中表现得更为明显。

第一，对统战工作的新形势、新任务认识不足。有的基层统战干部不能从战略和全局高度认识统战工作的重要性，也没有把当前的统战工作作为全面建设社会主义现代化强国的一项重要任务来对待。第二，缺乏创新意识。有的基层统战干部对工作范围和对象的新变化把握不准，缺乏有效的活动载体和沟通机制，基层统战基础建设不完善，工作方法停滞不前，以完成上级布置的任务为目标，难以创造性地开展工作。第三，乡镇和社区统战工作滞后。一些乡镇和社区的统战工作比较薄弱，虽然乡镇都配备了专、兼职的统战委员，但是一些乡镇的领导干部对统战工作的认识不足，使有些乡镇的统战工作很难被摆在应有的位置上。第四，民族宗教管理的难度依然很大。当前民族宗教工作总体上是好的，但依然存在不足，这就要求我们党必须团结一切可以团结的力量，适应统战工作的新变化、新要求。另外，从统一战线内部来看，统一战线各界人士尤其是代表人士总体上来讲政治过硬，专业水平和业务能力比较突出，群众基础比较好，但也存在一些问题：如有的在遇到重大或敏感问题时不知所措；有的对党的方针政策存在片面的认识和理解；还有个别成员思想偏激，有时散布不当言论，出现消极行为，产生不好影响。因此，进入新时代，统一战线凝聚思想政治共识的任务更加紧迫繁重。

三、　彰显更鲜明的中国特色制度优势

新时代的统一战线成为坚持和完善中国特色社会主义制度、推进国家治理体系和治理能力现代化的重要优势和资源。统战工作不仅要以坚持中国共产党的领导为首要原则（增强党的阶级基础、扩大党的

群众基础、巩固党的执政地位是统一战线的重要价值和功能），而且要坚持正确处理一致性与多样性相统一的原则。更为重要的是，新时代人民政协被赋予了新的历史使命，明确人民政协的性质定位，将协商民主放在统一战线的突出位置，体现了统一战线鲜明的制度优势和时代特色。伴随着中国特色社会主义制度不断完善和发展，人民政协的性质、功能更加突出，成为我国制度体系优越性的鲜明体现。将人民政协作为国家治理体系的组成部分，在国家治理体系现代化过程中继续发挥重要作用，是新时代中国特色社会主义的制度安排。人民政协的这一性质定位指明了新时代统一战线工作的方向性问题，进一步巩固了中国共产党领导的多党合作和政治协商制度的政治地位。2014年，习近平总书记提出："人民政协是统一战线的组织，是多党合作和政治协商的机构，是人民民主的重要实现形式。"[1] 这鲜明地指出了人民政协在新时代的性质定位，肯定了人民政协在多党合作、政治协商中产生，又发展成为新时代统一战线重要机构的历史过程，其性质定位贯穿于党的统一战线的全过程，其作为协商民主专门机构将在国家治理体系中发挥作用。而将人民政协作为协商民主的"重要渠道和专门协商机构"，凸显了协商民主在新时代的价值所在。习近平总书记指出，人民政协作为中国特色社会主义的制度安排，是社会主义民主的实现机构和重要组织。将协商民主放置在人民政协的突出位置，是实现人民政协作用和功能的重要形式，是人民民主的集中体现，这有助于更好地实现政治认同、凝聚社会力量，也有助于在社会治理中坚持决策协商和扩大人民的政治参与，其显著特征是大团结大联合，

---

① 习近平：《在庆祝中国人民政治协商会议成立 65 周年大会上的讲话》，《人民日报》2014 年 9 月 22 日。

这是寻求"最大公约数"的根本保证。

同时，统一战线基于大团结大联合目标形成的制度化参与渠道与民主协商形式，有利于发扬社会主义民主，推动社会的多元共治。党的十八大提出了"完善社会主义协商民主制度"。在此基础上，党的十八届三中全会提出推进协商民主实现多层、广泛和制度化发展。2015年2月《关于加强社会主义协商民主建设的意见》出台，社会主义协商民主体系初步建立。党的十九大则强调积极发挥社会主义协商民主的重要作用，推动协商民主广泛、多层、制度化发展。推进协商民主广泛、多层、制度化发展，是加强和改进新时代统一战线工作的关键所在。首先，加强民主。在完善社会主义协商民主制度建设的基础上，让人民积极参与民主决策、民主管理和民主监督的实践，发扬民主、增进团结。其次，加强团结。在发动人民积极参与民主实践的过程中，通过各种途径广泛协商，汇聚社会意愿和要求的"最大公约数"，广开言路，博采众议，统一思想，凝聚共识，汇聚实现民族复兴的磅礴力量。再次，提升多党合作的质量。《中共中央关于坚持和完善中国特色社会主义制度　推进国家治理体系和治理能力现代化若干重大问题的决定》把"巩固和发展最广泛的爱国统一战线"作为"坚持和完善人民当家作主制度体系，发展社会主义民主政治"的重要内容。我们国家的根本政治制度人民代表大会制度、中国共产党领导的多党合作和政治协商制度、民族区域自治制度、基层群众自治制度等基本政治制度，都是与统一战线密切相关的制度，是人民民主在政治的不同层面和领域的体现。党的十九届四中全会提出进一步完善和发展中国共产党领导的多党合作和政治协商制度，更是激发了无党派和民主党派积极行使参政议政、民主监督基本职能的热情，这对统一战线完善中国特色社会主义制度、推动国家治理现代化提出了更高的要求，也是新时代统一战线治理功能日益凸显、战略地位日益重要的表现。

四、 体现辩证唯物主义的工作方法

进入新时代，统一战线的对象、范围和任务等都发生了变化，基于此，要做好统战工作就需要正视统一战线中存在的现实问题，通过坚持底线思维、辩证处理好一致性和多样性的关系，从而打造高素质统战队伍。新时代统战工作面临国内外不同挑战，统战工作队伍更需要有宽广的胸怀和国际格局，培养应对各种风险挑战的能力，找到工作着力点，在工作中坚持辩证唯物主义世界观，认识事物发展的对立统一规律，以统一战线中存在的现实问题为导向，客观认识当前统一战线工作存在的不足并行之有效地解决问题。对此，习近平总书记指出，面对我们党目前所处的历史方位以及国内外形势的重大变化，当前统战工作存在显著问题，主要表现为党的领导干部不重视、不会做统一战线工作，不会领导、不懂政策、不讲方法，忽视统一战线和统一战线工作，同时不敢正视和应对统战工作面临的严峻挑战。对此他还强调，在坚持党领导统一战线的前提下，要尊重统一战线发展的客观规律，重原则、讲方法。

第一，坚持底线思维。具体做法是党员干部要增强忧患意识、提高防控能力，着力防范、化解重大风险。面对西方敌对势力的长期西化、分化，面对统一战线内部思想价值更加多元、利益格局不断分化的形势，以习近平同志为核心的党中央从战略和全局的高度看待中国共产党在复杂国际和国内形势下肩负的历史使命。习近平总书记强调："越是变化大，越是要把统一战线发展好、把统战工作开展好。"[1] 要用统一战线这一法宝化解系统性危险、复杂性矛盾，不断谋求创新发展的路径和方法，想尽办法"托底、守底、保底"，确保各种风险在可防控的范围之内。

第二，辩证地处理好一致性和多样性的关系。统一战线的由不同的社会政治力量组成的政治联盟性质决定了其多元化和多样性，这是形成社会发展活力和社会合力的重要基础。在实际工作中，不能只看到统战工作的一致性而忽略多样性，或者只看到多样性而忽略一致性，应该在坚持反对历史虚无主义中以历史的、发展的理念看待二者的关系，形成各方面都能接受的"最大公约数"。"最大公约数"是凝聚各方共识的价值理念，其关键是坚持求同存异，不能一味坚持一致性而排斥多样性。在具体工作中，可以求大同存小异或者求大同存大异，固守同心圆。

第三，着力打造高素质统战队伍。新时代党的统一战线工作面临的事务纷繁复杂，既保质又保量地交朋友是新时代统战工作的重要内容和重要方式。这就要求我们，一方面培育统战干部队伍德才兼备、公道正派的工作作风、过硬的专业素养和广泛联系党外人士的能力，另一方面要进一步引导统战干部在政治上坚定信念，提高处理复杂问题的能力，通过"三严三实""群众路线教育""不忘初心、牢记使命"教育活动，使这支队伍在思想上不断得到淬炼并将思想转化为实际工作中的尽职行为，能正确处理"私谊"和"公谊"的关系，坚

---

[1] 习近平：《巩固发展最广泛的爱国统一战线　为实现中国梦提供广泛力量支持》，《人民日报》2015 年 5 月 21 日。

持公心在先的工作作风。

第三节　新时代加强和改进统战工作的着力点

"大团结大联合"是统战工作永恒的主题。进入新时代，面对新的历史方位、新的国内外形势和新的任务，我们要始终坚持把统战工作摆在党的工作的重要位置，把党的中心工作所需与统一战线所长结合起来，把思想政治引领与汇聚各方力量结合起来，助力"十四五"时期高质量发展。2020 年 12 月，党中央印发了新修订的《中国共产党统一战线工作条例》，为进一步加强党对统一战线工作的集中统一领导，提高统一战线工作科学化、规范化、制度化水平，提供了基本遵循，指明了工作方向。

一、 加强党对统战工作领导， 构建 "大统战" 工作格局

统战工作在党的历史上各个时期都是党的政治优势和重要法宝。统战工作的首要问题是领导权问题，只有在党的坚强领导下，统战工作才能取得良好的功效，这是无法否认的基本结论和客观事实。中国共产党的领导是统一战线事业成功的关键所在，党的百年历史也印证了这一点。第一次国共合作时期，年轻的中国共产党人对要不要掌握革命领导权以及如何去争夺革命领导权的问题缺乏认识，导致了大革命的失败。抗日战争时期，当时任中共中央长江局书记的王明主张在

抗日民族统一战线中要"一切经过统一战线""一切服从统一战线"，给党的事业带来巨大的损失。在迈向"第二个百年"奋斗目标的新征程上，习近平总书记强调新形势下统战工作必须掌握规律，讲究原则和方法，但最根本的是要坚持党的领导，这是新时代我们开展统战工作最根本的方法。统战工作者必须胸怀"两个大局"，真正把党总揽全局、协调各方的领导核心作用落到实处，确保在统战工作中实行的政策、采取的措施，都有利于坚持和巩固党的领导地位和执政地位，有利于增强"四个意识"、坚定"四个自信"、做到"两个维护"，确保党的领导覆盖统一战线各领域、贯穿统战工作全过程。特别是各级党委要切实加强对统一战线工作的领导，尤其是政治领导，发挥总揽全局、协调各方的作用，强化政治共识，形成工作合力，坚决执行贯彻中央战略决策和各项部署。党的领导干部要强化带头意识，发挥表率作用，要带头学习、贯彻、宣传党在统一战线方面的重要法规、路线和政策，要加强统战部门建设，多深入统战工作基层，多指导支持统战系统工作，多关心爱护统战工作人员，努力培养一支政治硬、素质高、作风好、专业精的高水平统战队伍。

统一战线在党和国家工作中具有全局性、战略性意义，统一战线工作关系党和国家工作大局。所以，统一战线事业不仅仅是统战部门的事业，也不仅仅是统战系统党员干部的工作，更是全党的工作，必须全党重视，大家共同来做。进入新时代，面对统战工作存在的问题和新时代的发展要求，习近平总书记提出"大统战"的战略思想，着力构建并完善新时代"大统战"工作格局。"大统战"工作格局，是指统战工作的定位更高、视野更宽、对象更多、领域更广、责任更重、格局更大。因此，要着力构建"大统战"工作格局，一方面，要树立"大统战"思维。树立"大统战"思维，不仅要使全党同志认识到统战工作无小事，统战工作是全党的事，全党都要高度重视统战工作、共同来做统战工作，而且要使统战工作始终围绕着服务党的重大战略目标去定位、去认识、去谋划、去发展。同时，要使广大统战系统工作者强化政治意识，增强大局观念，从统战工作进入新时代的战略高度，从党和国家工作大局，去认识分析新形势下的统战工作问题。

另一方面，要坚持党委领导、统战部门协调的工作机制。习近平总书记在中央统战工作会议上明确指出，要坚持党委统一领导、统战部牵头协调、有关方面各负其责，构建"大统战"工作格局，形成工作合力。各级党委要提升对统战工作的认识，切实担负起对统战工作的领导责任，把统战工作摆在各项工作的重要位置，从思想上高度重视，在实践中狠抓落实。党委主要领导干部和领导班子成员，要真正实现好、维护好、发展好"三个带头"和"四个纳入"，自觉做统战工作的带头者、推动者、监督者、宣传者。各级统战部门要加强自身建设，深耕"责任田"，落实好对统战工作的牵头责任，多给党委出主意，做好"参谋员"，多与相关工作部门沟通联系，做好"联络员"。发挥统一战线工作领导小组优势作用，进一步健全完善领导小组议事规则和工作制度，健全完善相关专项领域工作联系协调机制，把重大的问题、原则性的问题都通过领导小组全体会议、专题会议研究确定下来，推动"大统战"工作格局更好地发挥作用，推动新时代统战工作提质增效、高质量发展。

二、 精准把握统战理论政策， 不断提升统战能力

中国共产党是善于运用马克思主义理论武装自己并高度重视理论建设的现代政党，理论联系实际、理论指导实践是我们党的看家本领。中国共产党在领导人民进行革命、建设、改革的伟大进程中，坚持以马克思主义统一战线理论为指导，同时，不断强化理论武装，依据国内社会主要矛盾、阶级阶层关系、社会结构、主要任务和实现目标等变化，在不同历史时期对统一战线的性质、构成、范围、主题、任务、特征等做出相应的理论阐释和政策调整。进入新时代，习近平总书记对统一战线在实现中华民族伟大复兴的中国梦进程中的地位和作用做出了新阐释。在统战工作中，统战工作者能不能正确理解、掌握、运用好党的统战政策，是统战政策是否能贯彻落实的关键。因此，统战工作者作为政策的宣传者、执行者、实践者，必须要精准把握统战理论政策，全面正确掌握习近平总书记关于统战工作重要论述的基本内涵、实践要求和基本立场、观点、方法，积极主动提高落实统战政策的能力。对政策做到心中有数，在实践中才能运用自如。

第一，从理论层面来看，要精准把握党领导统一战线工作的重要思想。习近平总书记关于中华儿女大团结的重要论述，是统战理论的最新成果，是指导中国实现强国梦、复兴梦的行动指南。习近平总书记关于"大统战"理念的提出，是对统战工作的理论创新和实践经验的高度概括。"大统战"理论的实施，确立了统战工作由党委负责、全社会共同参与的统战格局，转变了"统战工作是统战部门的事"的

局限思维，增强了全民统战意识，强化了党员干部的统战责任。"最大公约数"理念为统战工作指明了方向——凝心聚力，团结全体中华儿女为民族复兴出谋划策、奋力拼搏。"重要法宝"理念在继承了毛泽东同志"三大法宝"理论的同时，强调统一战线在实现祖国完全统一、实现中华民族伟大复兴进程中具有重要作用。"新型五大关系"理念强调要保持和促进五大关系和谐，并将其放到关乎中国特色社会主义全局、关乎党和国家长治久安的高度。这些新理念的提出，为统战工作提供了根本遵循，指明了前进方向。

第二，从实践层面来看，要精准把握统一战线工作的侧重点。《中国共产党统一战线工作条例》（以下简称《条例》）对统战工作做了十二个重点方面的明确规定。如对民主党派和无党派人士，在帮助解决编制、经费、办公场所的基础上，支持其通过交流、培训、锻炼、调研等途径提升政治协商、民主监督、参政议政的能力。在既定工作的基础上，搭建省、市两级党外知识分子联系平台，加强党对知识分子的领导，特别是对出国和归国留学人员的思想政治引领。非公有制经济领域统战工作强调建立政企沟通协商制度，搭建维护企业合法权益平台，畅通非公有制经济人士利益诉求渠道，引导规范其政治参与行为，促进"两个健康"顺利实现。新的社会阶层人士是统一战线工作的新领域，必须掌握其内涵，厘清构成人员，引导其建立联谊会，并通过现代技术加强党的领导，促使其发挥积极作用和影响。港澳台统一战线工作重点要讲好"一国"与"两制"的关系，关键要争取人心。争取人心就是要让爱国力量越来越强大，让敌对力量越来越弱小。同时，《条例》还对海外统一战线工作和侨务工作做了增加和部署。另外，中国共产党一贯重视科学培养使用党外代表人士，促使其作用发挥到最大化。新时代对于如何培养党外人士也出台了相关政策。统战工作者对培养使用党外代表人士政策的理解、把握、运用，折射出的是党与党外人士合作共事的诚意，工作成效彰显的是我国社会主义政治制度和政党制度的优势。这就要求统战工作者必须加强对党外代表人士培养使用政策的学习，积极主动超前规划，完善党外代表人士举荐、考察、任用、管理、考核制度，畅通党与党外代表人士便捷联系渠道，增强党执政的群众基础。

三、　完善统一战线工作机制，　形成统战工作合力

统一战线工作不仅是统战部门的工作，还需要各级党委政府的有效参与，需要社会各界找准定位，投身到"大统战"工作格局之中。要进一步建立健全"大统战"工作机制，就必须由党委统一领导，统战部门牵头组织各相关部门齐头并进，多措并举，不断完善社会化统一战线工作协调机制，共促统一战线事业发展。党的十八大以来，党中央根据国内国际形势，结合统战领域工作经验和实践要求，对统战工作机制进行了创新，提出要坚持党委领导机制，完善委员联络制度，建立相关部门联合工作机制，推动统战工作全党重视、全社会参与，大家共同来做。经过努力，各级党委坚决落实"四个纳入"，成立统战工作领导小组，推动党政主要领导干部践行"三个带头"，坚持重大工作通过联席会议解决，已形成一套高效运作、井然有序的运行机制。进入新时代，针对国内国际形势的新变化，建立健全统战工作机制，是加强和改善党对统战工作领导的重要举措，也是新时代凝聚更广泛人心的根本要求。所以，统战工作要继续坚持制度创新，完

善体制机制。

　　第一，要完善统战工作宣传机制，促进社会各界积极参与到统战工作中来。要搭建平台，积极组织举办各类活动，尽可能地吸纳统一战线广大成员参与其中，加强联谊，互通有无。在活动中，要给予统战成员更多的机会，使其融入社会治理中，促进其自发参与社会管理，以便其提出更有针对性、更接地气的意见建议，共促社会和谐发展。同时，加强党对民间组织工作的领导，强化对人民团体的管理，发挥好社团以及民间组织在统一战线工作中的积极作用。要借助党校、社会主义学院、行政学院、干部学院以及统战刊物等，培养干部"大统战"意识，提升干部统战理论水平，增强干部统战工作能力。新闻媒体要持续加强对统战理论、方针、政策的宣传，并根据对象、内容的变化不断创新统战宣传形式，形成线上线下立体宣传格局。统战部门通过对讲座、论坛、培训班的制度化安排，增加统战宣传覆盖面，提高统战理论和政策的知晓度。在宣传组织过程中，统战部门要明确其职能，规范其职责，进行有效的宣传。一方面，要明确统战部的牵头协调职能。由于部门之间容易产生管理上的断层，影响工作效率，因此统战部需要承担起牵头协调的职责，去组织协调相关部门共同完成工作。针对群众工作，也是如此。当前，我国新的社会阶层和群体不断产生，统战部门要发挥整合社会各阶层、群体的优势，从而构建和谐的阶层、团体关系，为党和国家凝聚更多的统战力量和统战智慧。另一方面，要明确有关部门和人民团体的工作职责。宣传部门要重视统战宣传，并将其列入年度计划，使统战宣传工作做到亲民化、经常化和规范化，通过亲民的宣传来提高人民对统一战线的了解程度。各级人大、政府、政协和司法机关的党组织要搞好与党外人士的合作共识。工会、共青团、工商联等人民团体根据自身特点来开展统战工作。

　　第二，要健全统战工作联动考核机制，确保统战政策落实到位。统一战线广大成员分布在各个阶层、各行各业，各自发挥着积极作用，统战工作要有效促进各地区各部门的积极联动，促进统一战线各部门形成联动合力。要切实做好顶层设计，构建科学合理的工作联动机制，统一部署，统筹协调，落实责任，营造"上下一盘棋"的统战工作氛围。坚持"党委领导，统战部协调，多方参与，基层落实"的原则，突出主业，明确事权，确保统战工作的相关政策得到贯彻落实；定期听取统战部门专题工作汇报，定期召开党委会专题研究统战工作，定期联系走访关心统战成员；做到将统战工作与党委政府中心工作共同部署、共同落实、共同督查、共同考核，真正将统战工作压力传导下去，将主体责任落实下去。同时要在党外干部的政治安排和实职安排上插上手、说上话、用得上。一方面，建立健全统一战线成员自身发展长效机制。新的社会阶层人士是在改革开放以后逐渐形成的社会群体，他们不但占据着主要的、特殊的职业地位，还在媒体、信息、社交平台、社会舆论等方面有巨大的影响力。做他们的工作，光靠老套路、老办法是不行的，必须创新工作机制，引导其在做好本职工作的基础上参与有关部门组织的考察调研、扶贫济困、专业咨询等活动，发挥其服务社会的作用。同时，党外代表人士工作在社会各领域，对统一战线事业乃至党的事业及经济社会发展都有着重要影响，因此，要促进统一战线科学发展，加强党外代表人士队伍建设意义重大。要统筹推进党外代表人士梯队建设，进一步优化党外干部成长路径，培养选拔优秀的党外代表人士。加强党外干部人才储备，做好党外干部的物色工作，并有意识地将一部分优秀人才留在党外。加强党外代表人士的理论培训和实践锻炼，进一步增进其政治认同，提高其素质和能力。另一方面，要完善统战工作的奖惩考核制度。习近平总书记强调，新时代统战工作要由全党共同来做。统战工作涉及的部门广泛，要建立明确的责任制度。新时代统战工作要由党委、统战部以及涉及的有关部门来共同承担相应的责任与义务。因此，要将统战工作绩效纳入干部考核和提升的参考标准，以此来激发干部对统战工作的积极性。同时，要想提高统战工作的成效，就要引入第三方力量来根据相应的指标进行考核评估，并反馈所存在的问题，就存在的问题进行进一步整改，以此来解决统战中存在的不足，不断提升统战工作水平。将纳入各级党委、政府目标管理考核体系中的统战考核项目细化、标准量化、方式规范化、程序严格化，从而增强考核的可操作性，避免在监管工作中出现随意性和主观性。

四、　改进统一战线工作方法，　扩大统战　"朋友圈"

统战工作关系党和国家的大局，所以统战工作方法同其他工作方法有共同性，但更有其特点。自建党以来，党从中国革命、建设、改革事业的实际出发，不断创新统战工作方法，扩大统战工作覆盖面，争取思想政治共识的最大同心圆，有效减少了社会经济发展阻力，赢得了一个又一个胜利。取得这些胜利的一个重要原因就是中国共产党坚持以马克思主义为指导，结合中国实践建立了团结绝大多数人的统一战线，创造了诸多行之有效的统战方法。如在贯彻落实党的统战理论政策的过程中引导党外人士积极参政议政、进行民主监督的政策推动法；在涉及广大群众利益的政策出台前与党外人士进行充分广泛深入交流沟通、平等协商的民主协商法等。党的十八大以来，随着"大统战"理念的提出，统战工作转变观念，紧盯中心工作，探索服务社会的新方法，着手以社区、农村统战工作为新的突破点，创造出内外联动的网格化管理方式，总结出团结凝聚业主法、结对帮困法等方法，加强了党对党外人士的全面领导，拓宽了党与党外人士方便快捷的联系渠道，增加了党外人士出谋划策、贡献社会的机会。

　　2015 年，习近平总书记在中央统战工作会议上强调："做好新形势下统战工作，必须善于联谊交友……统一战线是做人的工作，搞统一战线是为了壮大共同奋斗的力量。"① 联谊交友既是做好统战工作的重要内容，也是改进统战工作的重要方法，还是衡量统战工作的重要标准。历史已经证明，通过联谊交友，中国共产党和统一战线广大成员肝胆相照、荣辱与共，以深厚的友谊和不竭的奋斗取得了革命、建设、改革中的一场又一场胜利。进入新时代，在新的历史条件下，凝心聚力任务更加繁重，统一战线优势更加凸显，联谊交友工作更加迫切。新形势下，党员领导干部和统战干部必须进一步发扬党的优良传统，带头做好联谊交友工作。各级党政领导干部要从政治高度努力掌握联谊交友的艺术，兼顾交友数量和质量，真正做好党外人士联谊交友工作。而要做好新时代统一战线的联谊交友工作，就要端正联谊交友心态，联谊交友不是为自己、为私谊交朋友，而是为党、为公谊交朋友；要扩大联谊交友的范围，不是在小圈子、小团体里打转转，而是在五湖四海之内广交朋友；要讲究联谊交友的艺术，不是固执己

---

　　①《习近平谈治国理政》第 2 卷，外文出版社 2017 年版，第 304 页。

见、以势压人、强求一律，而是相互尊重、以理服人、求同存异；要把握联谊交友的进度，不是立竿见影、一蹴而就，而是绵绵用力、久久为功。

习近平总书记指出，要交到肝胆相照的挚友诤友，"不能做快餐"，而是要做"佛跳墙"这样的功夫菜。联谊交友要特别注重"三个结合"。一是要注重广交与深交相结合。广交朋友，要充分坚持原则性、注重平等性、体现包容性，用好现有交友方式，探索新的交友途径。要在广交的基础上注重深交，通过工作、联谊的机会，尊重为先，加强与党外朋友接触，平等诚恳地与其深入交流，切实做到"求大同存小异"，以诚相见、以心换心，诚恳听取党外朋友的意见，真正实现由相敬到相知。二是要注重入情与入理相结合。既要进行思想交锋，在大问题上分清是非，又要注重思想引导，为党外朋友排忧解难，实现讲原则与讲友谊的统一。三是要注重公交与私交相结合。要在讲原则、讲纪律、讲规矩的基础上联谊交友，私谊必须服从于公谊。联谊交友不是交私友，而是出于公心公利为党的事业发展交好朋友、真朋友。特别是与非公有制经济人士交朋友，既要"亲"，更要"清"。"亲"就是积极作为、靠前服务，多深入群众、深入企业，加强调查研究，为他们提供帮助和政策支持，积极优化营商环境，促进非公有制经济加速发展；"清"就是要洁身自好、守住底线，坚决杜绝权力寻租、以权谋私、吃拿卡要，维护公平公正的市场秩序。

统一战线工作就是"交朋友"，但对联谊交友等统一战线工作方式也应予以规范。当今，互联网已经成为影响人类的最大变量，互联网以其特有的高效便捷、开放共享等特征决定了新时代的统战工作要依靠互联网，网络统战是时代赋予我们的新命题。互联网不仅是民众发声的区域，而且是统一战线工作覆盖的区域，应从中识别统一战线对象，积极开展统一战线工作，发挥统一战线价值。加强法治建设，依法维护统一战线成员的合法权益，平等对待统一战线成员。统一战线是各种统一战线对象社会力量的集合体，和谐共生则需要坚持目标的唯一性。统一战线不只是社会层面的联合与团结，各领域之间的联合同样重要。从传统线下走入线上来扩大统一战线范围，是统战工作增强社会认同、达成更大范围共识的机遇。从现实组织到虚拟的网络空间，统战的空间扩大，统战工作需要部分转移，统战工作者要利用虚拟平台来开展统战工作，使其成为政治参与的渠道，通过网络形式完善诉求表达机制，发挥网络跨空间、时间的优越性来进行政策解读，展示统一战线成果，促使统一战线对象扩大共识。同时，网络信息发布便利，使得不同社会阶层、社会群体能自由表达自己的意见，扩大了统一战线理论宣传以及统战工作的影响力。

统一战线是中国共产党的政治优势和重要法宝。中国共产党自成立以来，就将马克思主义鲜明地写在自己的旗帜上，并将其确立为党的指导思想和理论基础。正如习近平总书记所指出的，马克思主义"这一理论犹如壮丽的日出，照亮了人类探索历史规律和寻求自身解放的道路"[1]。中国共产党对马克思主义的运用并不是教条的，而是与中国的实际相结合，在马克思主义中国化过程中形成理论成果。同样，一百多年来，中国共产党在推进马克思主义统战理论中国化的过程中，始终将统一战线摆在重要的位置，在不同的历史时期，坚持大团结大联合的主题，团结一切可以团结的力量，调动一切可以调动的

---

① 习近平. 在纪念马克思诞辰200周年大会上的讲话［M］. 北京：人民出版社，2018年版，第12页。

积极因素，先后建立并形成了国民革命统一战线、工农民主统一战线、抗日民族统一战线、人民民主统一战线等最广泛的统一战线，从而带领中国人民在百年征程中创造了伟大成就，书写了恢宏史诗。进入新时代，统一战线工作面临社会环境复杂化、社会阶层多元化、社会思想多样化的挑战，所以更要紧紧围绕时代特色和任务要求，把握大团结大联合的主题，在党的领导下发挥"重要法宝作用"，团结和凝聚各党派、各民族、各宗派、各阶层和海内外华人等磅礴力量，为全面建设社会主义现代化强国而努力奋斗。